技術者のための
独立コンサル入門講座

「知的自営業」のすすめ

出川 通
degawa toru

言視舎

プロローグ
技術者のあなたに提言――50歳からが本番、「会社は給料をもらいながら学べるビジネススクール＋実験室」と考える

この本は、理系、特に技術者の皆さんが自分自身でライフデザインすることを目指しています。すなわち生涯設計することで、人生全体の価値を高め、具体的に働く愉しみを見いだし、十分なキャリアと愉しみ、さらにキャッシュフローを得ることを目的としています。

昔は人生50年でしたが、今は人生100年の時代です。かつての倍の人生を生きるわけですから、**発想の転換が必要**です。この本では、50歳まで会社などの組織で働く前半は「準備・修業期間」、**50歳から100歳までの後半こそが本番**であると考えます。

これは日本の社会が長寿化し、健康寿命も増えたから、ということだけではありません。**技術者をめぐる環境が確実に変わってきているから**です。

技術者には「イノベーションの成果」が求められる時代となっています。技術関連業務の「単なる組織内」における職人芸の価値評価や運営システムだけでは、「働きがい」

「やる気」が見いだせなくなっているという現実があります。

また組織の中では、給料をもらっていろいろと学べるものの、必ずしも自分の生き方や志向を満足させられない、ということもあります。

さらにもっと正直にいうと、**収入面で考えるならサラリーマンは役員にならない限り、人生の本番である「後半戦」を会社で過ごす意味はあまりない**という現実があるからです。


ではどうするか。

多くの技術者の場合、「前半戦」の20代から50、60代までの「第二ステージ」では、会社や研究機関などの組織のなかで、「雇われる生き方」をしていきます。その結果、組織の役員、経営者になる人生もあります。しかし、多くの技術者は、そうなりません。これは能力の問題というより、運や環境に多く左右されます。組織の規定や定年などによって、人生の「後半戦」について明確な展望が自動的に与えられないという「リスク」があるのも事実です。

本書はこの「リスク」(危機)を技術者にとってチャンス(機会)到来!と考えます。

本書では会社で雇われて働くことを人生の「第二ステージ」と呼びます。このステージを定年（50歳ごろからの役職定年や経営者候補からの脱落も含みます）までの人生の「途中ステップ」「前半戦」と考えます。**後半戦こそが本番です。自立して働く「第三、第四ステージ」に備えて人生計画をたてる**のが、これからの生き方（ライフデザイン、生涯設計）なのです。

組織の中での「第二ステージ」においては、「第三ステージ」をにらみながら組織と共存し、組織をうまく使い・使われながらＷＩＮ－ＷＩＮの関係を築くことが大切です。自分の個別の能力を磨いていくことを意識し、第三ステージへの準備を心がけてください。

それでは「前半戦」、技術者が会社など組織に属しているときには、どういう考え方が必要でしょうか。

ずはりそれは、**組織に所属している期間を「給料のもらえるビジネススクール and/or 実験室」として、「第三ステージ」への助走、修業の場と考える**ことです。人間の誕生から寿命が尽きる１００歳までをひとつの「事業体」としてとらえると、「前半戦」には自分への投資が必要なのです。所属している組織を利用してこの投資を行ない、「後半戦」に生かします。

興味深いことに、優秀な会社の経営者の多くも、こうした考えを心から支持しているのです。すなわち、視点が広く高い一部の人は経営者になってほしい。一部の高度専門技術者には、ぜひ必要な時に必要な仕事をしてほしい（でも、常勤でなくてもいい）。会社にとって従業員は宝ですが、皆が皆50歳以上になって会社に居残ってもらっても困る、ということになります。これは本書で述べる「知的自営業」の考えに通じます。

図表0は、人の生涯を1960年代、2000年ごろ、2030年と三世代にわたって俯瞰した図表です。人生100年時代、今後はどう考えても50歳以降が本番人生となることは明白です。

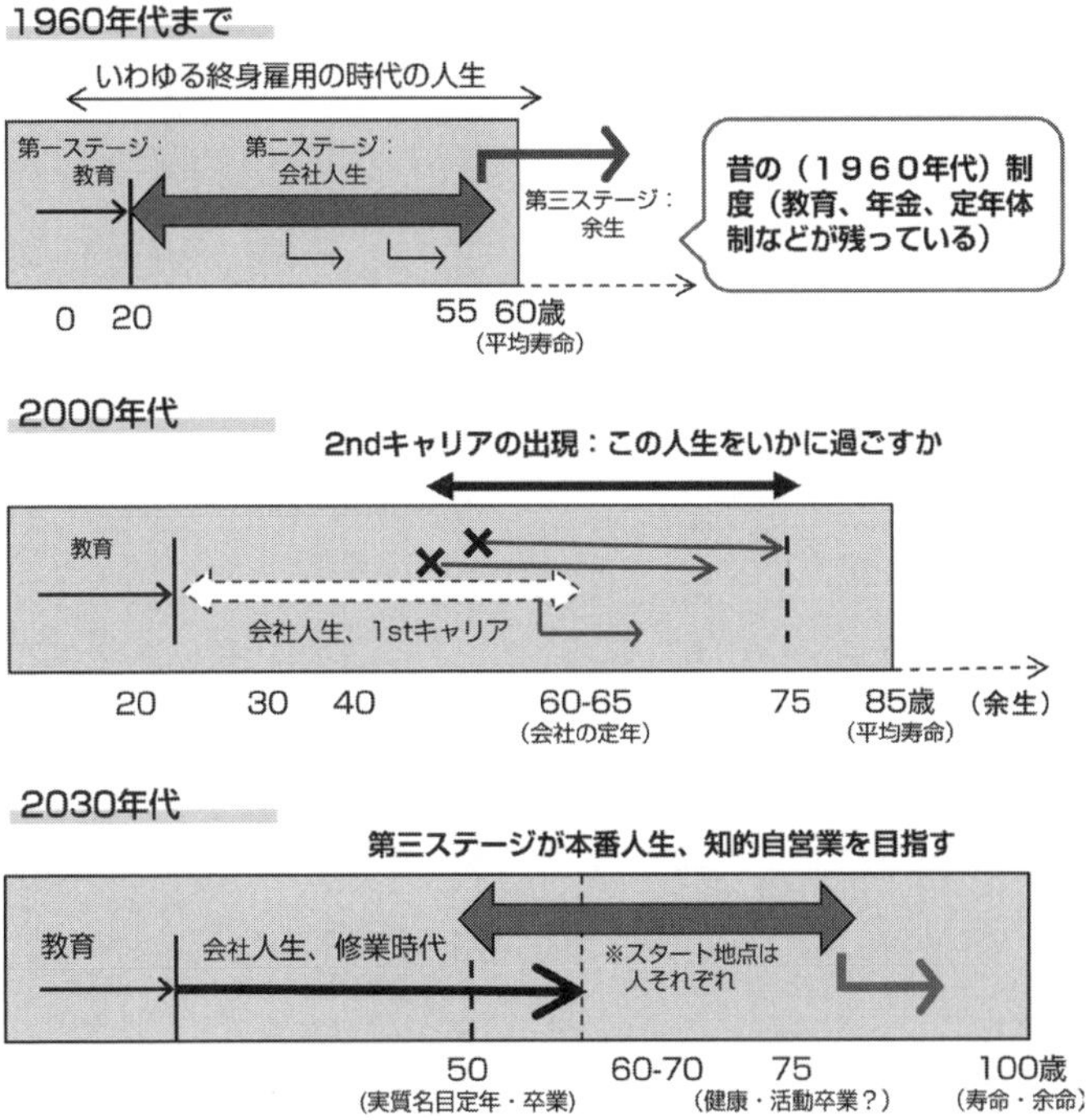

図表0　人生100年時代は卒業・自立が必要：思い立ったときがスタート

この考え方は、志のある技術者にとって理想の生き方に通じるかと思います。本書では、**「後半戦」を「知的自営業」として生きることで、技術者人生の本番が最高に輝き、収入や愉しみも企業や組織にいた時の役員以上**ということが十分可能なのを具体的に示していきます。

では、50歳以降の第三ステージで、「知的自営業」としての働き方を**具体的にどうするか**。組織を「卒業」した後、技術者に最も適していて、かつ**実現可能なライフデザインは、自立型で高度専門家としてのコンサルタント、独立契約者、パートナー型フリーランスとしての展開**、と言い切ることができます。

第1部では、実際の企業の技術者であった著者自らの体験をベースにしたライフデザインの基本的な考え方を示し、「知的自営業」の内容とその基本をなす「コンサルティング業務」のノウハウ、収入を示していきます。それも組織内からの「副業型」「複業型」での助走も含めて考えています。

さらに第2部では、11人の技術者、研究開発者の後半人生を「事例」として紹介していきたいと思います。これは、著者の周囲の方々をベースにし組み立てた人物像ですが、事実に基づいたものですから机上の空論ではありません。いずれも起業・独立などのリスクを最小にしながら、「知的自営業」としてのチャンスを最大にした方々です。

技術者のみなさんが価値ある「本番人生」を自分自身で切り開く際、ぜひともヒントにしていただきたいと思います。

目次

第1部 「知的自営業」を人生の本番とするライフデザイン

医療技術と衛生環境の進化により、働き活躍できる年齢が拡がっています。その一方で、年金の支給開始が70～75歳になるという時代が間近に迫っています。では、その中で理系の人々、いわゆる技術者はどのように生きるか、これが人生の課題になっています。

結論からいえば、最良の解決策は**元気な人はそれまでの専門性を生かして75歳まで自立して働く**ということです。そして「プロローグ」で述べたように、**50歳以降の「後半戦」を本番と考えるライフデザイン**を描くことが必要とされているのです。

第1部では、その基本的考え方を解説していきます。サラリーマンと呼ばれる組織勤めの技術者が、組織を超えて自立的に働くと「三方良し」となる、その考え方を紹介します。**「三方良し」**とは、自分と家族にとっての働き場所（やりがい、楽しさ）、労働価値（収入、地位）、社会にとって（世代負担、日本の発展）の3つが良くなるということです。

なお、「**技術者**」とは、狭義では企業や官公庁、大学などでの研究や開発、生産技術、品質管理、評価などの業務を行なっている人々をさします。本書では、企業などのいわゆる「技術的企画、技術営業、技術系の管理職」などを含めて、広義の「理系のサラリーマン」という形に拡大して考えています。

第1章　ライフデザインの決め手「知的自営業」とは？

1・1▼人生を4分割するライフデザインの考え方

■「人生100年時代」を俯瞰したときの人生のステージ

　自分の将来をイメージするために、まず全体を俯瞰してみましょう。仮説や実際のモデルとなる人を見つけて、その人をお手本にしてイメージすることが大切といわれます。しかし、「人生100年時代」となるような世の中が大きく変化した現在、必ずしもそばにモデルになる人は多くはいません。そういう状況では**自分自身で仮説をつくる必要**が生じます。

　ここでは、**自分は100歳まで生きる「ひとつの事業体」**であるという仮説を立て、どうなるかを考えてみます。

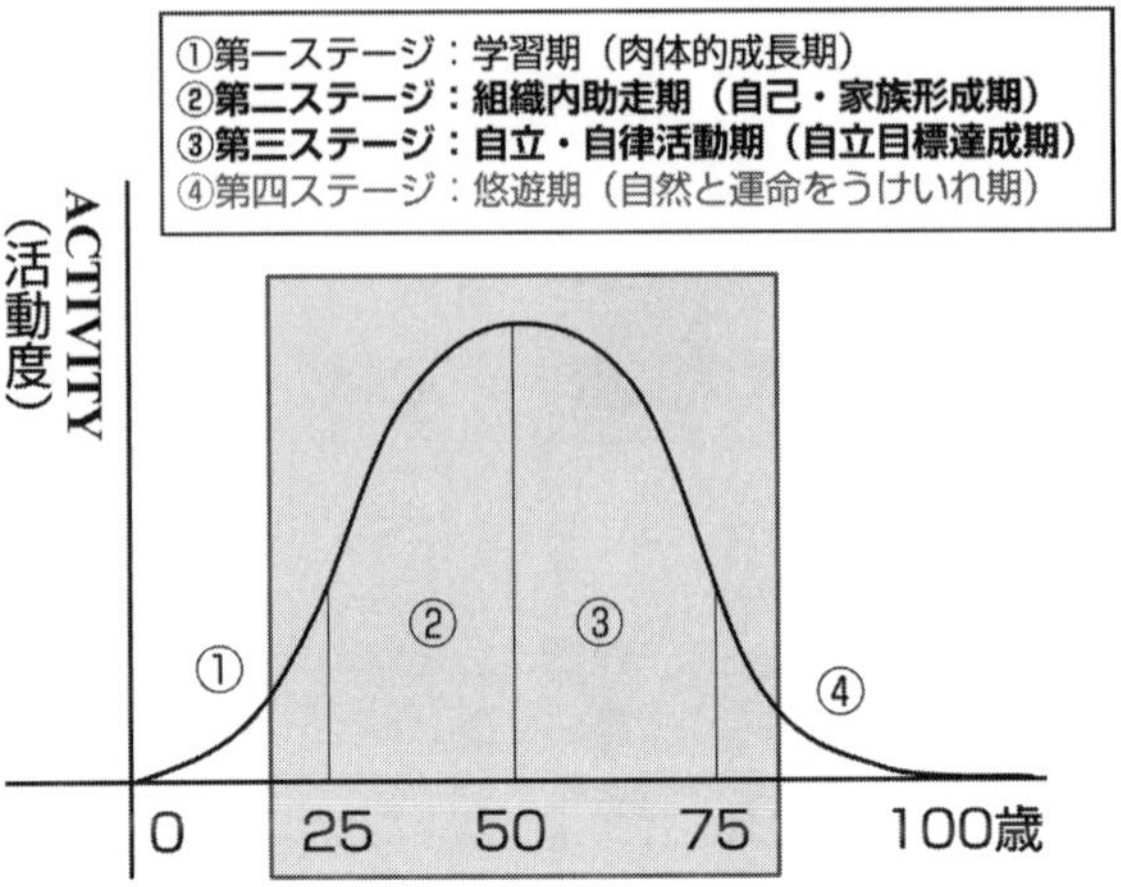

図表１　人生のライフサイクル（ＨＬＣ）と俯瞰的視点でみる

個人が生まれてから死ぬまでを俯瞰して、その生き方、「働き方（キャリア）」、価値観（モチベーション）、経済性（ファイナンシャル・インセンティブ）を考えていくことを「**ライフデザイン**」といいます。

自分を事業体としてみると、環境変化やライフサイクルの変化に対応して**モデルチェンジする時期**が生涯の中で必ずきます。**この時の中心点をまずは50歳**におき、全体を分割してみます。生涯全体の時間軸を半々（前後）にわけて考えることが、ライフデザインのスタートです。

図表1に人生全体のライフサイクルを示してみました。本書ではこの図表をベースに最低でも75歳程度までは働き続けることを考えます。

そのためには、組織を途中で「卒業」するプランの作成と実践がキーになります。

すでに、企業における「高齢者再雇用制度の延長」というシステムは、組織活力という面で根本的に無理がきていています。意欲ある技術者にとっては、従来の組織依存型の定年＝悠々自適モデルは通用しないのは明白です。さらに、このままでは定年制度を維持するための基本制度であった年金制度の崩壊がせまっているともいわれます。この制度に安住していては、ライフデザイン設計は遅すぎ、「第三ステージ」を本番にできません。

■人生70年時代の「定年60歳」モデル

いかなる時代でも各個人は、生誕後、義務教育という共通の育成の場を経て、それぞれの特性や個体差、能力などに応じて、自分自身の道を選んでいきます。投資として教育を受け、その後の人生は、人それぞれの、さまざまな展開となります。「志《こころざし》」、「強み」の発見、その中での自分のポジションの確保、生命維持のための収支バランス、投資による発展など、それぞれ多様な人生を送っていくわけです。

ここで、一昔前の「人生70年時代」の60歳定年モデルの働き方を振り返ってみましょう。

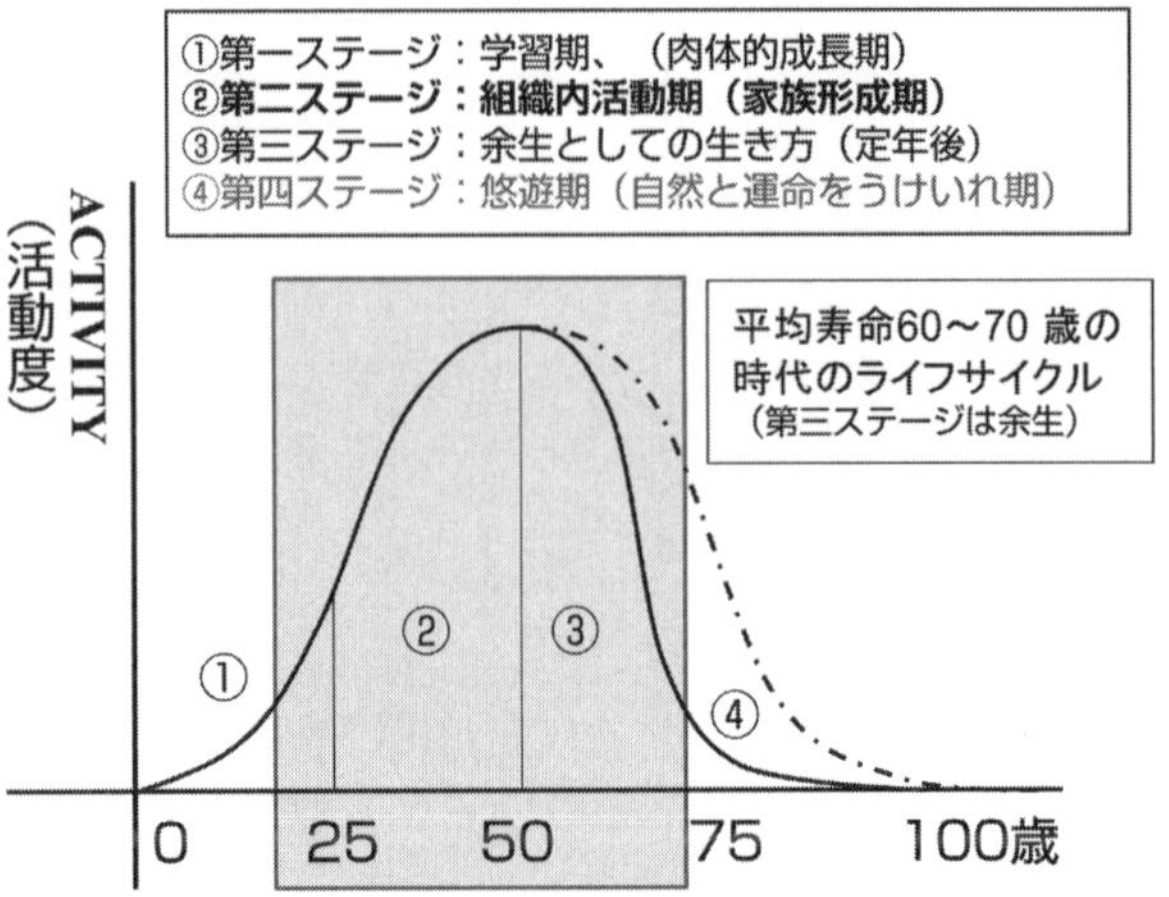

図表２　これまでの 60 〜 70 歳寿命時代のライフサイクルのモデル（50 歳をピークにして 55 〜 60 歳定年の時代、第三ステージが余生というイメージ）

図表2は平均寿命が60〜70歳代程度のライフサイクル全体概念です。この後に見る図表３「１００歳時代」との違いが、イメージ的にわかると思います。

図表2では、第一ステージ①の学習期を経て、急速に成長する第二ステージ②、50歳程度がピークとなる活躍段階、第三ステージは定年後の余生を示しています。

この図表2では、第三ステージ③は50歳あたりを境に急速に活動が衰退していく領域として描かれています。いわゆる「寿命70歳、定年55〜60歳の時代」の旧来モデルに対応した様子が示されています。そこでは長生きして第四ステージにたどりつけな

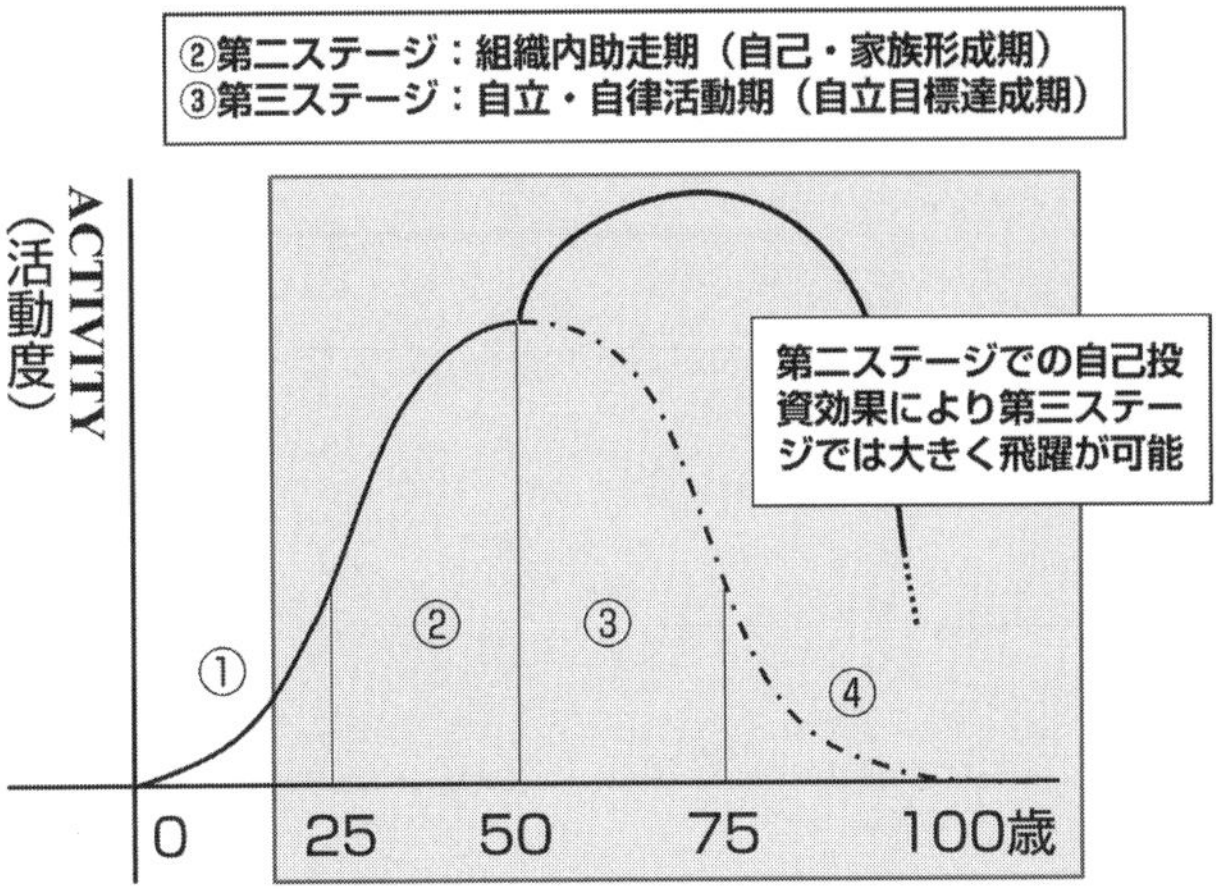

図表３　多くの人の寿命が100歳時代のモデル（第三ステージが本番というライフデザインのイメージ）

いか、仮にたどり着いても寂しい余生となっていますが、社会はそれで成り立っていました。

■「人生100年時代」75歳まで働くモデル

図表3では、図表2で示したライフサイクルのパターンをベースにして、もう一歩、人生の働き方について考えてみましょう。「第二ステージ」は組織内で働き、「第三ステージ」では組織からの「卒業」を視野にいれるという、2段階型（二つのステージ）のライフデザインを考えることになります。ここでは「第三ステージ」を主体に考えていきます。

現在の日本では、サラリーマンのまま研究開発者（技術者）の専門分野を深耕化しつづけることは、特に企業や役所などの組織のなかでは、なかなか難しい場合が多くなっています。大学や官庁系の研究機関では異なった面もありますが、必ず定年（65～70歳）がやってくるという問題は一緒です。また昨今では専門知識の陳腐化のスピードも著しく、専門性の維持にはかなりの工夫と努力が必要となっているという課題もあります。

図表3をもう一度ご覧ください。「第三ステージ」が人生の本番という、人生１００年時代、長寿化時代に期待されるイメージを示したものです。50歳以降、最低でも75歳程度までは働き、愉しみ、稼ぐというライフサイクルのイメージです。

技術者（研究開発者）は、大学や大学院を出た段階でひとつ、さらに実社会で、二つ目の専門を持っている方も多いでしょう。20代でひとつの分野の経験を積んだ専門家となり（大学、大学院を卒業したあと、実社会で実践・研鑽する）、30代でもうひとつの専門分野を意識し確立していくことがベースとなります。たぶん多くの方は実践されていらっしゃいますが、自分の努力によって、40代頃からは専門の境界領域が一気に拡がるようになります。

「第三ステージ」の自立を考えると、このプラスαを大切にして、できれば40代にもうひとつ以上の**多面的な領域を確保する**ことが望ましいといえます。この方法論としては自分独自で専門を増やす以外に、組織を利用して兼任などの副業や、外から稼ぐという複業などの方法もあります。これは後に述べる「知的自営業」へ助走することになります。

ダブルメジャー、**トリプルメジャー**などの価値と意味は、ひとつの事象に対していろいろな視点から複眼的にその事象を見ることができ、その本質がつかめるので、世の中に他にない価値が生じるというものです。

1・2▼「知的自営業」とは——その内容と現実的な可能性

サラリーマンと違って、「自営業」は個人で働く事業体です。「知的」というのは、ここでは「第二ステージ」(24～50代)において、組織の中で働いて獲得した各種の知識や知恵をベースにするということで、「知的」に仕事を展開するということにします。ちなみに「肉体」は、栄養や生活習慣の改善でかつてより「若い」とはいえ、通常50～60代以降は着実に劣化していきます。これも「知的」にこだわる理由です。なお、詳細な定義と分類は後述します。

自分の仕事に、顧客から見た価値、社会における価値があるかぎり、年齢や組織の都合での減収、解雇、定年などはまったくない、というのが自営業の最大メリットです。

多くの人は、「第二ステージ」をサラリーマン（やとわれ型）として過ごします。50代以上になると、企業、組織などの役員にならない限り、給料が飽和し、自動的に低下するのは当たり前の現象です。50～70（75）歳の「第三ステージ」は不確定要素が多く、「魔の年齢」といわれることもあります。**これを「輝きの年代」に変えるか、「魔の年代」にしてしまうかは、人生設計次第**といえます。

■サラリーマンは役員にならなければ恵まれない

平均寿命が65～70代の時期であったら、「余生」だった60代から75歳までの時間を、最後の輝きの時代として有効に活動することがポイントでした。ただし、自分で動く、元気で健康を継続するという条件はあります。他人頼りのリスクをとらないサラリーマンでも大丈夫だったといえます。

この時の人生設計上の大きな差は、組織内での「経営者になる・ならない場合」に生じます。この差は生涯設計として、特に生涯年収、支出をシミュレーションしてファイナンシャルプランをつくると、非常に大きな収入差になることが結果としてわかります。

まさに「**サラリーマンは役員にならなければ恵まれない**」といえるのです。

しかしながら、多くのサラリーマンOBが実感、体感しているように、役員＝経営者になるかならないかは、仕事ができるか、成果が出ているか、頭がよいかなどの単純な因子だけでは決定されないのです。ある意味で非常に不確定な、また基準も不明確な人間的（相性、好悪……）な評価があったりもします。また、世の中の環境的な要素であっという間にひっくり返ったりもするものです。運よく経営者になったとしても、企業の置かれた環境で、その立場はもろくもひっくり返ってしまうこともあります。

幸か不幸か……、**どの組織でも50歳程度で**、サラリーマンとしてこの先組織の経営者になるかならないかは、**かなりの確率で判断できる**といえます。

このことにサラリーマン技術者がいつ気がつくか、これがポイントです。

組織側としても、ある人材を経営者として長期に活用するために、選別の時期を50歳以下にしていく傾向もあります。ここでは、**経営者にならなかった場合、経営者とどれだけ「差」がつくのか、**下記2点について考えてみましょう。

1）**働きがいの差**：これは個人差があるので、明確なことはいえない部分もあります。ただ一般的には「自発的な仕事のほうが、モチベーションが上がる」ことを考えると、一番油が乗り切った50～60歳、さらに61～70歳の時代に、モチベーションが上がる仕事ができるか否かは、ひじょうに大切なポイントでしょう。

2）**収入差**：上級経営層まで行くと70歳前後まで働くことが可能であり、50歳以上の収入としてほぼ3・4億円、いわゆる経営層（執行役員、平取締役など）では2・2億円程度となります。経営層に到達しなかった場合のサラリーマンは、組織からの収入（51～65歳まで）で、1・7億円でほぼ半額。これは66～75歳で、収入のあるなしの差が効いてくるのです。50歳の時に組織を「卒業」し、「知的自営業」として75歳まで働くとすると、50～75歳の収入は、ほぼ3・5億円程度と見込まれます（5章参照）。「知的自営業」として独立した場合の推定と一緒になります。

■「知的自営業」の定義と分類

まず、知的とは「肉体よりは頭を使う」、すなわち「知恵、知識、意識」などをベースにしたものです。次に自営業とは、自立・自律を基本とし、雇われないで働くことです。

組織や既存の枠組み、体制に組み込まれていない状態で判断や行動ができることを指します。ちなみに税法上「自営業」はなく「個人事業主」と「法人経営者」に分かれますが、ここでは自分で自立・自律して事業を行なう人を総称します。

ここでは資格を特に必要としない、「自立・自律した生き方としての知的自営業」の働き方を分類してみます。資格をとってその資格をベースに活動する、いわゆる士業と呼ばれる弁護士、弁理士、会計士、税理士などは、それぞれ団体などの事例が多くあるので、ここでは扱いません。しかし技術士、中小企業診断士、工学・理学修士、工学・理学博士、MBA、MOTなどの学位を持つ人が、コンサルティングをする場合は入っています。

では、知的自営業を、産官学それぞれで思いつくままに分類してみましょう。この他にも多様な形態・名称はあります。

〈産〉

A 独立コンサルタント（自営の一人会社、数人のマイクロ会社などの代表、社長などの経営者）

B 社外役員、非常勤取締役、監査役など企業や団体の独立型の役員

D　ベンチャー起業の創業者
G　顧問、アドバイザー、嘱託請負者
H　フリー形態の高度専門家、フリーエージェント、独立型のフリーランス
F　独立契約者（これは官学でも共通している別の見方での呼称です）
〈官〉
C　官公庁アドバイザー
・公的団体の契約社員
・NEDO、JSTなどのコーディネーター
〈学〉
E　非常勤大学関係者（客員教授、講師など）、フリーの契約教員、研究者
・大学TLO関係者、投資ファンド関係者
・大学の経営にかかわるアドバイザー

知的自営業として自立すると、複数の仕事をする**複業が可能**になります。サラリーマンは一つの組織に所属すると、社内で兼任するとしても無償の「副業」が多いという大きな

違いがあります。ただ最近は、各社とも社外から収入を得ることも可能な複業も次第に認められ始めています。そういう意味では、第三ステージへの助走として副業、複業も意識して視野に入れておくのが望ましいのです。本書では無償の「副業」と有償の「復業」を分けて考えています。自営業では、副業ではなく、自分の可能性を最大に試す複業が普通です。**「知的自営業は複業型があたりまえ」**の働き方といったほうがよいでしょう。

1・3▼いつ自立・自律するのか?——個人の出口戦略を考える

いずれ「卒業」するにせよ、組織に所属することには数々のメリットがあります。しかし、デメリットが生じてきている、というのが現実です。そこで将来を見越して、組織にいながら、組織（企業）のよさを学ぶ場と考えましょう。給料をもらいながらシステムなどの仕組みやマネジメントを勉強できるのですから、これを利用しない手はありません。

こう考えれば、組織の多少のマイナス面には、目をつぶることもできます。先に**組織は給料をもらえる「ビジネススクール」**と述べたのは、この意味です。また研究開発や生産技術に直接携わる技術者にとっては**給料だけでなく高価な材料や場も提供してもらえる**

「実験室」とも言えます。

すなわちこの発想は、組織の「卒業」＝自立・自律＝「知的自営業」のための準備となり**意識改革**そのものであるということがわかると思います。これは、会社の仕組みをうまく使って、会社にも自分（と家族）にもメリットがあるようにする、「三方良し」を実現することにつながります。

これまで多くのサラリーマンは、経営的なことやマネジメントなどは考えなくてもよい時代が長く続きました。しかし、これからの未来環境は変化しており、また長いのです。自分自身が考え、かつ実行していく時代に突入しています。ポイントは、そのような**シナリオ（ロードマップ）を描く準備と覚悟**です。

■高度専門（技術）者を複数の企業で使う雇用形態が出現している

未来の組織（企業、官庁、大学）に起こるであろうことを整理してみましょう。環境変化に対する**組織の反応を先取り**すると、そこで働く人の必要な価値が見えてくるので、「卒業」に備えて、自分の対応を検討して準備することができます。

筆者もそうでしたが、組織の内側で生きてきた人間には、組織の外に出て生きることをそう簡単に決断できません。しかし、だからこそ、世の中のニーズはそこにある、そこにチャンスがあるという考え方もできます。

組織を「卒業」するときまでを準備段階のキャリアとして描き、自分の未来価値を検討してみましょう。企業、官庁、大学などの組織の動向をベースに、技術者（研究開発者）という存在を組織の**内側と外側、両面からの視点**で検討することが必要です。

今後は間違いなく、**一人の高度専門家を複数の企業で使う業務委託型の雇用形態が出現します**。つまり**知的自営業として、コンサルタント的に働く人などが活躍する時代になる、**ということができます。

以下にサラリーマン社会と高度専門家の未来像をまとめておきます。それを大きな流れとして知っておき、自分でロードマップを作っておくとずいぶん気が楽になります。

①会社の人事制度については、年齢給はなくなる方向。それがまだ残っているとしても一般社員の給料は40～50歳がピーク、**50歳以降は大幅減**となる。いわゆる年功序列賃金体制はくずれる。

②**専門家の両極化**がおこり、組織内だけの限定専門家（スペシャリスト、知識型の専門

家）か、どこでも通用する高度専門家（プロフェッショナル、知恵創出型の人）の時代となる。後者の高度（プロフェッショナル）専門家は一つの組織体（企業、官庁、大学）ではかかえきれなくなる。

③イノベーションを目指した**「もの創り型」の専門スキル**を身につけることは、自立・卒業への王道・早道となる。しかし発想は「論理から直観」、すなわち「左脳から右脳」へという転換を必要とする。**このことを客観的にアドバイスできる外部の人材が必要に**なる。

■今後価値を生み活躍する理系の三類型

技術者、研究開発者出身で第三ステージで活躍している人、すなわち知的自営業タイプの人たちの具体的なイメージを示してみましょう。

大きく分けると次のA型、B型、C型の3つの方向性をもっている人です。いずれも従来の枠を外せた人が、「専門性と稀少性」という価値を得ることになります。

A型：専門性を圧倒的に深める（専門技術プロフェッショナル、学者や研究開発コンサルタント型）

すでに持っている専門を高度化・深耕化し、他人の追随を許さない専門知識とすることです。近接する専門分野だけでなく、少し離れた技術分野まで展開すると、新しい視点が生まれます。

その専門が、自分の属する組織の中心的なビジネスやミッションと一致していたり、近かったりする場合には、その知識は組織にとっても有効となるのです。自分の属する組織のミッションとずれていても、自立型のプロフェッショナルとしての戦略を描くこともできます。

この形のプロフェッショナルは、大学や公的な研究機関での研究者、ノーベル賞をもらうなどの高度な研究開発者にも多いタイプです（ここでは、この生き方自体についての詳細な言及はしません）。

B型：専門性を圧倒的に広げる（既存の技術専門家の複合コンサルタント型）

分野複合のダブル・トリプルメジャー型です。専門知識分野（特定技術）以外の別分野へ専門を拡充して、別の分野で国家資格をとるなど、ダブル・トリプルメジャー化です。わかりやすいのは、たとえば会計士、弁理士、弁護士、ＭＢＡ、中小企業診断士と専門の技術士などの資格獲得でのダブルメジャー化が対応策であるといえます。これからはさらなる複合、融合が要求されます。

企業では、複数の専門性をもった人がいると、専門家を何人も雇わなくてもすみます。対応の迅速性があり、出来事に対してユニークな視点が生まれるなど、その価値は高く評価されます。新しいタイプの複業・自立型士業となってきています。

Ｃ型：全体を俯瞰してイノベーションを起こす（起業や経営革新的なコンサルタント型）

経営と技術の融合的な、起業家・企業家、技術的要素を含む経営コンサルタントなどがこれに相当します。イノベーションの必要な現在、この分野のニーズが非常に高くなっています。

平たくいうと、組織内であれ、組織外であれ、起業家とは新しい事業を内外で企画して自分で立ち上げていく人々で、イノベーター経験者でもあります。

研究開発をしていた人が、事業を立ち上げ、プロジェクトマネジャーや社内ベンチャーの社長なども併任するというパターンです。いわゆる大組織での細分化された狭い視野ではなく、空間的・時間的な広い視野をもって、果敢に挑戦し、試行錯誤によって解決策を見いだせるマネジメント能力をもった人です。

このスキルがあると、全体的にイノベーションに対応する課題や対応策がみえてくるので、イノベーションにかかわるコンサルティングも可能となります。

ロードマップやライフデザインを描くときの基本的な考え方に、楽観性の視点ということがあります。あるべき姿、理想形を描くというのは、悲観的でも現実的でもなく、可能性の追求という楽観的な視点で描くことが必要だからです。ライフデザインも楽観的に考えていけばいいのです。

■組織からの「卒業」という考え方の本質

組織内外の環境変化傾向を見据え、ライフデザインをイメージしていくと、自分自身の未来の見通しが得られます。

多くの人は、組織を離れたときの準備をしていません。ということは、**組織にいる間に組織を離れるという仮想実験を行なって、自分の免疫性を試してみる**ことが必要になります。

組織に所属する第二ステージを、次のステージへの投資と考えて過ごします。そのような修業時代に、リスクを伴うことを業務を通じてやってみる、それが一番効率の良い自己投資となる、ということです。

組織を離れるということは、組織を「卒業」し、自立・自律するということです。自立というと聞こえはよいですが、改めていろいろな組織と関わりを持ちながら未知の世界に飛び込むことになるわけです。

第二ステージの定年を控えて、自分の意思で組織の枠を離れていくことは「卒業」といえますが、強制的に組織から追い出されるのは定年、まさに「クビ」ということです。**ここでのライフデザインの役割は、「クビ」になる前に行なうべき組織からの「卒業準備」です。**

■出口戦略と移行戦略——自立の前に自分を事業体と考える

再雇用ではなくて**「卒業」する出口戦略とその移行戦略**を考えてみましょう。世の中にはベンチャー的に自営や起業という自立を成功させる方法が数多く存在します。それは、

既存の組織（例えば自社の他部署、同業他社）などとうまく連携することです。

知的自営業としての個人やベンチャー企業の存在価値は、「小さくないとできないことをやる」ことです。だから大企業と連携することができるのです。**企業内部での課題と解決策を提供**するのが使命です。これを大きな組織にいるときに兼任などの副業や複業などでつかんでおくと、組織を卒業したあとに役立ちます。

大きな組織体では、新しい開発業務のような不確定性の高い業務に対応して小回りをきかせるのは苦手です。「卒業」する前に、既存組織の問題点をつかんでおくことは、大きな存在価値＝市場価値＝ビジネスチャンスになります。

このことを理解して組織の中でいかに助走するかは、それぞれの個人が決めることです。これらの考え方、マネジメントの実践は、すべて自分の**「卒業」から自立への移行期のトレーニング**につながると考えます。このとき、**自分自身をひとつの事業体、とくにベンチャー企業として助走しているいると**考えると、**いろいろなヒント**が得られます。

■元いた組織のパートナー化

組織の中できちんと仕事をこなしてきた人は、マーケット側からみたら、必ず価値があります。なぜならば、その仕事は最終的に顧客の価値となり、企業の収入となっていたからです。

ただし、組織内にいた人が**外で市場・顧客価値を発揮するには、二つの関門**があります。

一つは、多くの会社の組織は縦割り組織になっており、どこが価値か直接は見えないので、それをある程度特定する必要があること。逆にそれが見えると、将来に大きな価値を生む可能性となります。

もう一つは顧客へのアプローチです。だれかがやってくれるのではなく、自分でマーケットへ直接アプローチするように切り替えなければなりません。一般にはその切り替えが見えない状態はリスク（危険度）が高いことになります。しかし、うまくつながることさえできれば、途中をはぶくことで収入も多くなります。すなわち、自立すればこれまで組織の収益として自動的に納めてきた「上納金」（価値の50〜70％）を納める必要がなくなり、もっと稼げるようになるのです。

そのリスクを減らす手始めが、元勤務していた組織での自分の価値を、顧客側からみて判断することです。つまり**マーケットでの自分の価値を判断する**ことです。

これがちゃんとできれば、既存仕事の受け皿となることができ、元の組織から円満に

「卒業」できます。元の組織はひとつの大切な顧客候補となります。

研究開発者に限らないのですが、**基本的にお勧めするのは、まずは卒業した企業とのパートナー化**です。会社生活のなかでのノウハウを貴重な価値と思ってくれていた人と一緒に仕事をすることです。かつて属していた企業・業界を、はじめの顧客対象と仮定することが早道です。

そこで自分がちゃんと活躍していたなら、声がかからないわけがありません。後継者をきちんと育てて出る幕がない完璧な人なら、外部から育成のアドバイザーとして声がかかるでしょう。また倫理観を持って、いくつかの会社を掛け持ちすれば、その専門性はスペシャリストではなく、プロフェッショナルとしての高い価値をもってくるでしょう。

1・4▼サラリーマン時代に「知的自営業」への移行準備を

■「知的自営業」をにらんだ組織内での移行準備と助走

組織内での具体的な働き方について、検討していきましょう。

多くの人は、大学などの学校を卒業して、20歳前後から25歳くらいで就職し、組織に入ります。人生全体からみると、この時期は「第二ステージ」にあたります。かつてはこの期間が本番と考えられていましたが、本書では人生の絶頂期に自立した働き方をするための「助走する移行期」と考えます。

とはいえ、「独立や起業」は、そう簡単にできるものではありませんし、安易にお勧めするつもりもありません。しかし、50歳近くになり会社や組織の将来が見えなくなった場合や、何かの理由でどうしてもその組織のなかにとどまっていられなくなることを想定すると自立はいずれ必要になります。将来の選択肢として考えるべきものなのです。

いきなり組織から完全に離れるのではなく、色々な助走の仕方があります。例えば副業、複業に始まり、転職してこれまでと異なった組織に入りなおす、というのも選択肢の一つです。どちらにしても（社長になっても）、組織からはいつかは「卒業」しなくてはならないことを、頭の片隅にしっかりと持っておくことです。

そこで、組織内にいながら組織をうまく活用して助走しながら生きるスタイル、また自分自身に投資し、それをベースにして、ある時期に組織を「卒業」し、自立するというライフデザインを考えてみましょう。

かつては、組織とくに大企業では、管理職となってジェネラリストとなるか、専門職としてスペシャリストとなるかという2通りの道がありました。しかし何度も言いますが、いずれは「卒業」しなければならないのはどちらも同じです。

そこで、組織からの卒業を前提にして、将来「知的自営業」として自立して生きるにはどうしたらいいのかを考える必要があります。その際、理系／文系、技術系／事務系などの分類を越えた発想が必要です。

筆者は、技術者としての専門を生かしながら企業・組織を将来「卒業」する、**ジェネラリストでもスペシャリストでもない、「第三の道」のモデルとして「知的自営業」を示していきたい**、とつねづね思っていました。これは、定年のある組織人が75歳まで働くというロードマップを作成する場合、いわゆるサラリーマン人生からの有力な助走という移行を含めた出口戦略だと思ったからです。

例えば、企業の中でまったく新しい商品を作る、すなわち**新規事業を起こす**ことは、組織内で「イノベーター」とか「起業家」として生きる副業・複業的なことです。事業の企画・立案からはじまって、人・もの（技術）・金・情報という、これまでの分担型の組織体の中では関与しなくてよかった面に触れることでもあります。

組織の内部にいれば、こういった仕事の必要性は少ないのですが、組織を「卒業」して自分で何かを行なう場合には、必須の要素を含んでいます。これは理系、文系に関係はありません。組織外の人たちに触れ続けることになるというのも、新規事業に携わることが、自立・卒業のための助走となり移行期となるメリットなのです。

組織の内で「イノベーター」、「起業家」として生きるということは、必然的に自分（たちの組織）の社会における価値を考えること、自分（たちの組織）の強みと弱みを常に追いかけることが必須です。**これは自立・すなわち外に出たときのための移行準備**といえます。

■組織を利用するビジョンを描く

既存組織のなかにどっぷり浸かっていると、自立や独立には多くの困難が存在すると感じられます。現実的に家族がまだ幼かったり、蓄積が不十分だったりして、そう簡単に組織を離脱することはできないと考えるのは当然といえば当然です。しかし、準備があればそれが可能になります。

将来、サラリーマンからの「卒業」と自立をにらみ、現在を次への助走ステップ＝移行準備と位置付けると、組織で働く心構えが変わってきます。

そこで、以下に**具体的な考え方を2つ**示しましょう。**組織内でいろいろな業務を副業的に、こなしながら着実に助走し、「卒業」を可能にする方法**です。

（1）現実的な方法としては、常に新しいことを率先提案し、それを実施し、試行錯誤の副業・複業的な経験をできるだけ多く積むことです。

このような**組織内の体験を「ビジネススクールでの演習」と考えます**。これを積み重ね、自分のものとすることです。これが組織から最も効率良く、効果の大きい「卒業」準備となっていきます。

（2）過去の人脈はあくまで過去の人脈であり、**未来の人脈**ではありません。したがって現在の仕事人脈は、**未来の仕事**を探すのには向いていません。仕事以外の人脈のほうが未来の仕事を探すときに役立ちます。ただし、自分自身で努力して未来の人脈を作り上げる必要があります。

「知的自営業」のひとつとして、いわゆる**コンサル的な働き方で独立すると、2年目の危機、3年目の危機**というのがやってきます。過去の人脈は1、2年目で尽きてしまい、そこからは自分で新しい顧客を探し出すことがどうしても必要になります。このことを覚えておくことが大切です。そこには「定顧客」という概念はありません。

企業勤務の技術者の人が羽ばたくには、新しい人脈をつくる場が必要です。ただ、筆者の経験上気がついたことがあります。それは、そういった場をすぐに仕事に役立てよう（利用しよう）と思った方は、いずれ淘汰されていくということです。ほとんど失敗し、活動が長続きしていない場合が多いのです（もちろん、結果として仕事になるのはいいことですし、その機会は多々あるのかと思います。しかしそれを直接目的にするのはＮＧです）。

では、どうするか？　そういう場を、異業種交流ならぬ「**異人種交流**」と呼びたいと思います。組織の外に出たら、個人の所属や出身大学は単なる参考情報ということを改めて認識いただきたいところです。言葉をかえると、異人種交流では人間的なお付き合い、自分を高める場なので、「企業主催（主体）の異業種交流とは違う」ことを今一度認識してほしいということです。「企業主体」でなく「個人主体」です。

■「複業型」というライフデザイン

最近ではスキルに年功は必要ない時代になっています。組織を経営する側も、「できれば50歳頃には多くの人たちには組織を離れていただきたい（新しい人に入れ替える）」と思っています。経営者となる以外で組織に残る可能性は、各種の専門職としてのプロフェッショナルです。しかし常雇で残るよりも、**必要なときに必要な時間だけいくつもの組織と関わるという「複業型」**が、本人にも経営者にも効率のよい仕組みだといえます。

したがって組織から「卒業」した「第三ステージ」では、小回りをきかせた「複業型」「コンサル型」の高度専門家となり、まずは組織内で助走し、最終的に自立して生きる道が理想的ではないでしょうか。

このモデルは、専門家のレベルによっても違いますが、普通でも組織にいたときと同等の年収、うまくいけば2倍以上の年収をキープして75歳まで継続することができます。

これを実現するためには、すこし事前の心構えが必要です。とはいっても実際は「第二ステージ」でのちょっとした工夫という意味です。それは、自分の価値と社会や会社のビジネスモデルの基本を確認することといえます。

具体的な工夫としては、まず自分の「複業型未来モデル」をあるべき姿としてビジョン化します。そして「第三ステージ」に向けて50歳で組織を「卒業」すると考えた時、自分の未来をベストシナリオとワーストシナリオに分けます。これを比較しながら、そのときどきの選択肢を判断していきます。ここでのベストシナリオとは、「第二ステージ」で、経営者などの指導的な立場になった場合、ワーストシナリオとは、いわゆる従業員（管理職もふくむ）のまま経営にタッチしない立場で終わる場合を想定しています。

一般的に、独立してうまくいく人は、組織の中でもある程度うまくいっている人が多いようです。こういう人はその立場を生かし、複業型の第三ステージの準備として、会社をうまく使って自分にも投資してもらうのです。逆に組織の中であまりうまくいっていない人は、会社に拘泥せず、副業などで準備すればよいのです。

おもしろいことに自立心（起業化精神）を持ち、複業型を目指すと、**経営者的発想**が必然的にわいてきて、人のせいにするとか言い訳をしなくなります。これは、組織の中でも、独立しても、共通していえることです。

さらに、「第二ステージ」（サラリーマン時代）に養った**専門性**や**汎用性**を世の中で通じるように、組織にいるうちに**ブラシュアップ**しておくことが大切です。もちろん、世の中の変化という環境条件をちゃんと把握しているのが大前提です。

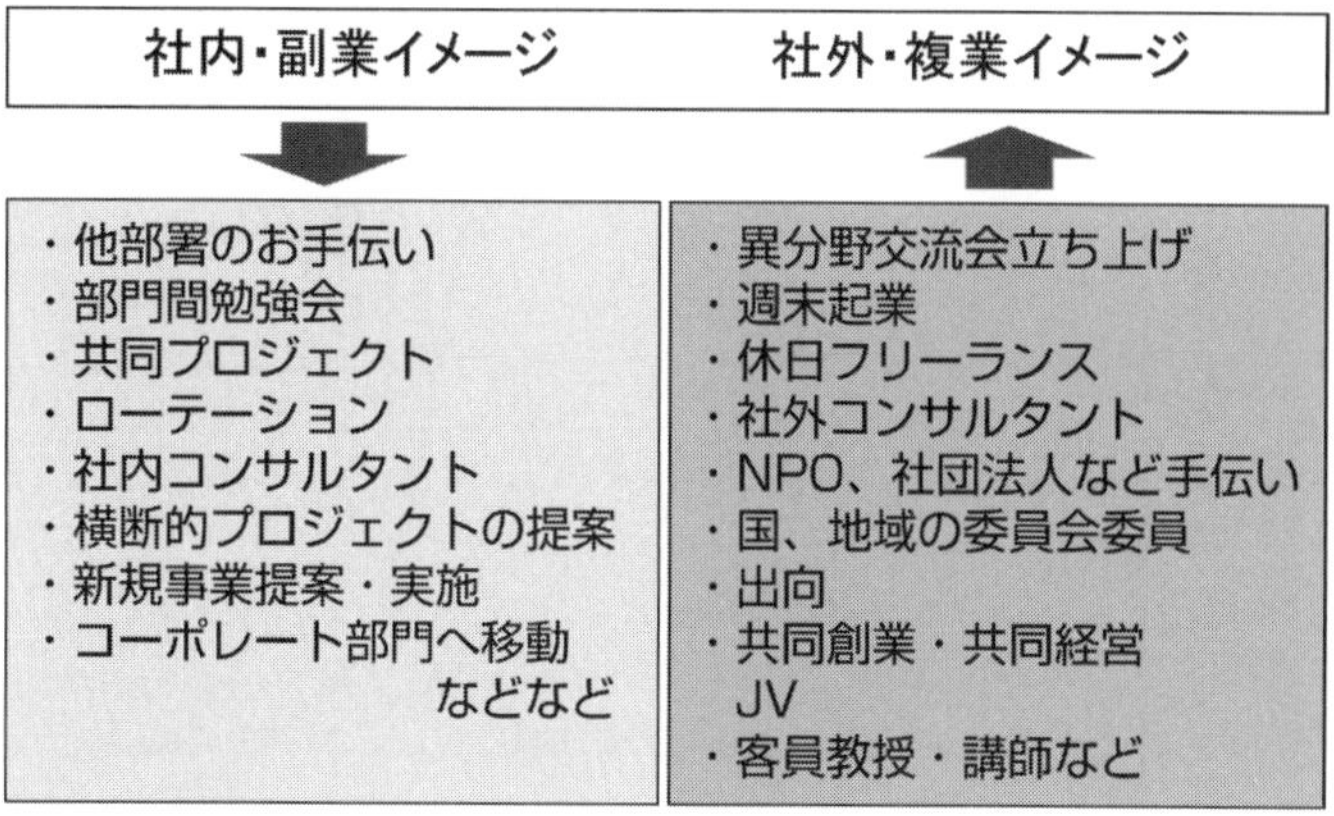

社内・副業イメージ	社外・複業イメージ
・他部署のお手伝い ・部門間勉強会 ・共同プロジェクト ・ローテーション ・社内コンサルタント ・横断的プロジェクトの提案 ・新規事業提案・実施 ・コーポレート部門へ移動 　　　　　　　などなど	・異分野交流会立ち上げ ・週末起業 ・休日フリーランス ・社外コンサルタント ・NPO、社団法人など手伝い ・国、地域の委員会委員 ・出向 ・共同創業・共同経営 　JV ・客員教授・講師など

図表4　助走期間中における副業と複業の具体的な内容のイメージ

図表4には、雇われて働いている第二ステージのなかでの移行・助走期間として、副業と複業の具体的な内容のイメージ例をいくつか示してみました。

■後半75歳までの「第三ステージ」は人生の収穫期である

人間はいろいろな方向を向いて仕事をすることができます。夢と可能性を重視すれば、楽観的に仕事を進めることができます。「できない理由を探す」のではなく**「できる理由を探す」**ことで新しい道が拓けてきます。それがライフデザイン作成の基本なのです。

世の中で大切なことのひとつは、**不良資産を作らない**ことです。言葉を換えると、おもしろくな

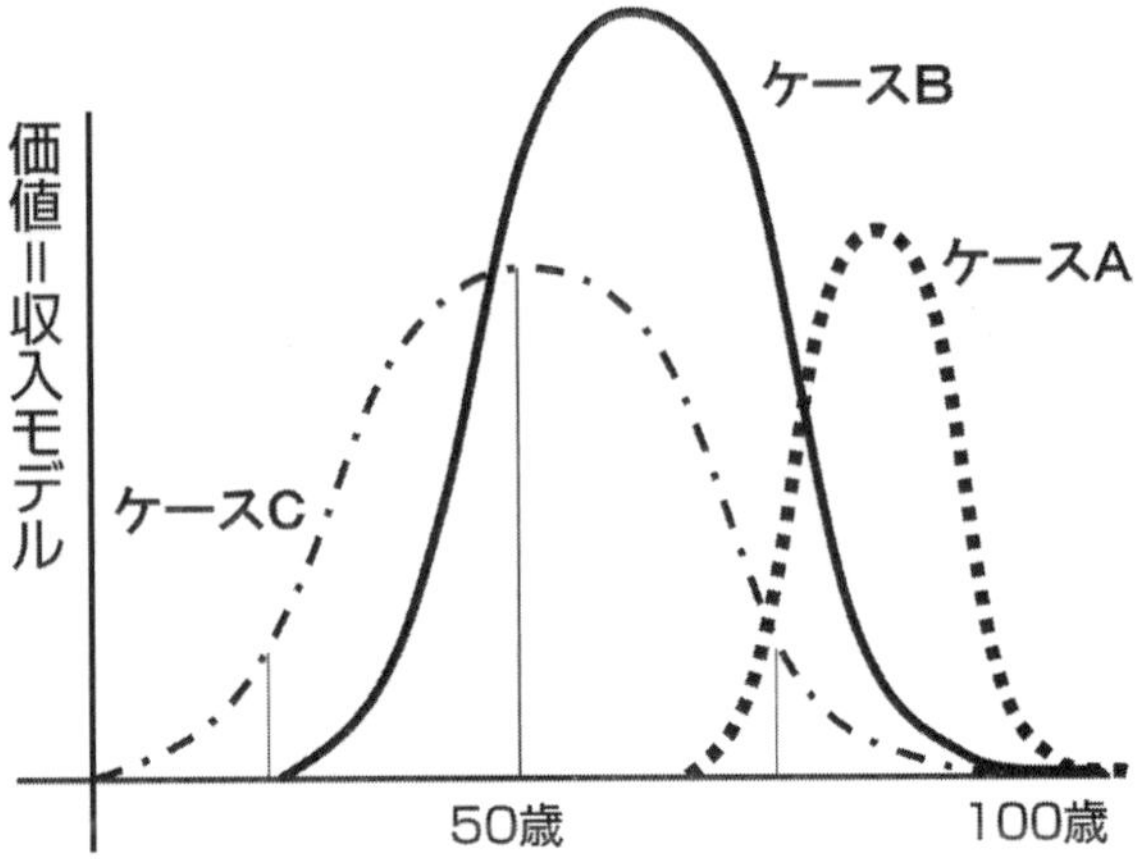

図表５　自分の価値を上げながら人生100年を生きるライフデザイン
通常を（ケースC）、50～75歳に成功（ケースB）、さらに75～100歳に成功する（ケースA）イメージ

いことを中途半端にやらないこと。また、きちんと**自分自身の資産の棚卸し**をしなさいということです。そうしないとすぐ不良資産がたまってしまいます。

個人を一つの事業体と仮定すると、大切なことは「強み」の発見で、そのためには自分のキャリアの棚卸しからはじめるのが第一です。そして、自分のライフデザイン、マイルストンとアクションプランの作成につなげていきましょう。

本書は、組織の「卒業」後、50～75歳を、可能性の大きい人生の収穫時期と考えています。このモデルのデザインがうまく機能すれば、図表5のケースBのように60～75歳の時期が価値も高く、働きがいがある人生最大の収穫期となることが期待され、さらに75歳以上になっても愉しく、生きがいのある生活が送れるのです。

自分の能力が、組織内における「第二ステージ」の仕事内容の限界線と交差する時期は人によってさまざまですが、一般には中間管理職になるあたりかと思います。それを乗り越えて、経営マネジメントなどの新しい価値を組織内で見つけるのも一つの生き方ですが、それだけでは人生１００年時代は足りません。いずれ組織の中でも定年（限界、クビ）がくるので、どこかで「卒業」し、複業型の「第三ステージ」に移行する生き方について述べました。

「第三ステージ」の人生を「本番」と思うか、「余生」と思うかで、生き方は違ってきます。すでに述べたように日本人の寿命が１００歳に近づいた今、いわゆる後半戦が「本番」と考えたほうが現実的です。定年が仮に70歳になったとしても、その後の時間（平均余命）は20年以上あるのです。

第1章のコラム

「自分の強み」の見つけ方

サラリーマン技術者につかっていて、そうはいっても「自立」はなかなかだ、という人向けのアドバイスです。

まずは「**自分の強み」探しのための活動**を始めましょう。素晴らしい潜在能力が自分に隠れていると認識して、その能力を開花させるための投資をします。そして実行のためのロードマップを描いていきます。

とはいえ、そう簡単ではないのも事実です。そこで図表6は、とりあえずの自分の現在の状況と、ありたい未来のイメージをつなげていくための記入シートです。

まずは、左側の空欄（最初の仕事）に入社した時の会社の業態や、配属部門、そこでの与えられた仕事内容を記入してみます。次に右側の空欄（自立する仕事イメージ）を自由に記入します。それで、行先と最初のスタートポイントが決まります。

そのあと、真ん中の助走内容として可能な限り副業・複業の実績と可能性を記入してみて

22～50歳：雇われる人生（組織内修業期間）			51～75+α歳：自立・自律する人生（知的自営業）
最初の組織と業務内容	助走期間・領域		自立・自律して目指す業務内容
	社内兼務・副業関係	社外活動・複業関係	

図表6-1　第二ステージから第三ステージへの移行期間としての、副業・複業の記入用フォーマット例

22～50歳：雇われる人生（組織内修業期間）			51～75+α歳：自立・自律する人生（知的自営業）
最初の組織と業務内容	助走期間・領域		自立・自律して目指す業務内容
	社内兼務・副業関係	社外活動・複業関係	
・研究所実験業務 ・研究関係打ち合わせ・研究報告書 ・特許、論文提出 ・社内各種定型業務 ・所内プロジェクト ・各種企画業務	・海外留学（社費） ・社内プロジェクト ・国家プロジェクト ・社内起業（新規事業提案・実行） ・関連会社・海外VBとの協業	・海外留学（自費・受託） ・各種外部プロジェクト評価委員など ・セミナー講師、依頼原稿執筆	・顧客対応コンサル、研修、講演業務 ・経営マネジメント ・業務提案、宣伝、コンテンツ作成、見積、請求、会計など雑務 ・社外対応（税務署、法務局、株主、税理士、パートナーなど対応業務） ・事業計画立案、実行、回収・実施

図表6-2　助走マップ：副業・複業にて雇われる人生から、自立・自律する人生へ　記入例

ください。そこで、この移行期間の助走の有無について自己判断します。例えば、社内でいろいろな職種を経験したこと、ずいぶん嫌なことをさせられた、とんでもないところに配属されたなどの経験も、大いなる「副業型」の候補になります。だれも手をあげなかった難しい仕事をやったとか、動機は別にして苦労した経験がある、などもです。

また複業としては、外部での講演、執筆活動、委員会への参加などがあげられます。転職経験もここに記入してみてください。もちろん「オタク的」な、これだけは自分の趣味や特性として負けないで実際に外部で報酬を得たというのは立派な複業型の候補になります。

いかがでしょうか？　それらができたなら、**自分のロードマップに落とし込む**方法について、さらに検討してみます。ロードマップは、現在の状態から未来を見るというスケジュール的発想ではなくて、「未来にこうありたい姿」を自分で描くという視点で作成します。「未来から見る」というのは言うは易しですが、行なうのは簡単ではありません。それは、自分の未来が見えていないからです。もちろんボーっとしていては、いつまでも見えてきません。未来は自分で創り出すものだからです。

ではそのために何をするか。**自分の未来の姿**（ビジョン）**を仮置きすることで、現在との落差**（ギャップ）**を明確化**し、**それを埋める方法論＝助走の内容と実際**（副業と複業）をできるだけたくさんこなしていくのです。できるかどうかではなく、実行するという意識改革です。自分を「ひとつの事業体」として考えたときに、どこで社会に貢献して価値を得るかという発想と実践が必要になります。

第2章　知的自営業としての独立コンサルタント

――複業型「コンサルタント」の働き方の基礎と考え方

人の生き方、働き方はさまざまです。これが正解というものはありません。いろいろな働き方があってかまわないし、多様性もあるから面白いのです。それを前提に、ここでは、技術者の複業型選択肢として「知的自営業」の主流である「コンサルタント」という働き方を考えてみたいと思います。

■コンサルタントの基礎知識

世の中には、いわゆるコンサルタントという職業が存在します。この職業は特に資格が必要なわけでなく、「先生」と呼ばれ、自分の都合である程度自由に仕事をすることが可能です。また通常は、お客である雇われ主を接待するところを、逆に接待される、という変わった仕事ともいえます。また費用（収入）としての時間レートも自由に設定でき、場合によっては弁護士や会計士というれっきとした国家資格の士族よりも高額の報酬を得ることも可能で、そのような独立コンサルタントも多数存在しています。本書ではこれらのコンサルタント的働き方をする方々を総称して「**知的自営業**」と呼びます。

ただ、お客にとって何らかの価値をもたらさないと、すぐに仕事はなくなり、継続的な仕事はこなくなるというリスクを抱えているのはもちろんです。

だれでもリスクはとりたくない、でも収入は得たいと思うなかで、このような独立コンサルタントの仕事がどのように成り立っているか具体的に知る人は少ないと思います。そこで、ここではサラリーマン**技術者の解決策（出口）としてのコンサル業**に絞って、その内容と、なってから気がつくポイントなどを整理していきます。

2・1▼コンサルタントの仕事とは
——何をコンサルするか、知識か知恵か、はたまた意識か

そもそも一般的な意味で**コンサルティングとは何か**を明確にしておきましょう。コンサルタントとはコンサルティングを行なう人のことをいい、その行為をコンサルテーションなどともいいます。日本語で適当なことばがないので、「コンサルティング」とカタカナ

でいうのが普通です。一般に「コンサルティング、コンサルタント」のことを「コンサル」と略称する場合もあります。ここでもコンサルと簡単にいい、下記の語源に関連する広い意味、いわゆる**顧客と協議して顧客が価値を感じる行為全般**という意味で用いていきます。

もともとコンサルタントの語源は、ラテン語「コンシリアーリウス consiliarius」から来ているとされ、その意味は「協議する」で、「意見を交わし合う行為」を指すのだそうです。

すなわち特定の分野において、専門的知識や経験を有し、**顧客の持ち込む問題に対して、さまざまな視点で協議・議論**し、**助言**を提供したり、**相談**に乗ることを職業とする人ということです。これは重要な定義で、一方的に教えたり、単なるアドバイス（助言）をすることとは異なります。

技術者がコンサルを行なうとすると、一般的には「技術コンサル」として技術的な専門知識をベースにアドバイスを提供することと考えられますが、先ほどの定義のように協議、議論をつくして方向を明確化することがポイントです。

それに関係するビジネス（事業）には、「経営コンサル」や「新事業コンサル」、さらに

「知財コンサル」など総合・専門的なカテゴリーも考えられます。業態としてはコンサルティングファームと呼ばれる会社組織の一員から、本書で主に述べている知的自営業としての独立コンサルタントまであります。

またその他のコンサルとして、技術系とはまったく別のカテゴリーでのコンサルティングがあります。例えば不動産、金融・投資、資産・相続、健康・医療コンサルなどです。

技術者出身の場合には、「経営コンサル」や「技術コンサル」のような独立した「専門コンサル」になることが多くなります。それに限らず、広く経営や技術の個別問題あるいは全体に対しての相談、助言を行なっている場合が多いのです。

■実際のコンサル内容とは

実際にどのような内容をコンサルするかについては、クライアント（コンサルを受ける側、顧客のことを言います）の必要性（ニーズ）に依存します。顧客のいわゆる**困りごとの解決、解決につながるヒントを協議した上で提供すること**になります。顧客としてお金を払うのは会社（や自治体）などの法人ですが、実際はそのなかの役職各位、すなわち**個人と対応することになるというポイント**があります。どういうことか、筆者が18年間で出会ったことや相談内容を順不同で整理してみます。
・やることがわかっていないので、問題の本質を整理する。整理するための考察
・やること（答え）はわかっているが、具体的な実施の手段（HOW TO）の候補を提供
・だいたいやることは、わかっており、間違っていないという確認
・他社がどのようなことをやっているか、上司の説得と自分自身の納得のための状況を提供
・新しい価値、すなわちイノベーション創出型のブレーンストーミング相手、話相手、よろず相談
・とりあえずの、また確認や参考意見としての岡目八目型のポイントの指摘、議論

■顧客の価値の解決、納得とは

次に、**コンサルの仕事で稼げるかどうか**、という視点で検討してみます。言葉をかえると**実際のクライアントを本当に獲得できるか**が、このビジネスモデルの最大の課題です。

仕事がビジネス（収入）になるか否かは、提供するコンサルが顧客（企業・組織体、個

人）にとっての「顧客価値」としてどのくらいあるかに尽きるといえます。

通常は組織に必要な知見については、当然ながらその組織のなかで育成、蓄積しているので、一般的にはお客にならないのです。

では、**どのような事柄がコンサルとしての協議内容になるのか**を、これも筆者の経験から下に示してみます。

・**多数の人が持っていない（ごく少数の人が持っている）経験・体験・考え方**
・漠然と考えられているけど、**体系化・明文化されていない情報の整理、考え方**
・多くの人が知りたいが、ほとんどの人は語らないし、記述がないような事項（**ノウハウ、企業秘密など**）、その経験値
・一般論を**具体化するときに行き詰まる**事例、出来事を明確にする方法や答え
・**同業、競合、一般各社**がどうやっているかを知りたい。知って安心する事項の提示
・お金（自分、企業、部署、担当業務上）を払ってでも聞きたい価値があることの根拠となる本質的な指摘

■独立コンサルの仕事は複・副業が普通

ここからは、知的自営業というなかの独立（個人）コンサルタントとして、いわゆるコンサルファームにサラリーマンとして属さない**自立した働き方に特化**して話を進めます。自立する場合に考慮すべき、具体的な主業務、副業、複業などの仕事についての考え方と内容について触れておきます。

コンサルの収入の詳細については、別項目（第5章）で検討しますが、大まかに言ってコンサルタントは一つの仕事だけでは安定しません。仕事は水もので、定常的に埋まらないのです。このために可能性のある**さまざまな仕事を副業、複業として同時におこない、つないでいく**ことが必要です。このことで、複合的、融合的、統合的な発想が可能となり、**結果的に顧客にはない貴重性、稀少性という価値が増していく**ことになります。

以下に、複・副業として筆者が実際に自分自身で経験した各種の業務事例を整理してみます（自分の本業のコンサル以外）。

・企業顧問（非常勤）、企業取締役（非常勤）
・嘱託契約社員（出身企業への継続雇用）など、新設企業での仕事以外での業務

・各種コンサルファームの客員研究員、専属講師など
・官庁・自治体などからの個人事業主（青色申告）としての仕事（セミナー講師、評価委員、アドバイザーなど）
・NPO、社団法人、財団法人などのメンバー、役員、世話役などに就任
・大学特任教授、客員教授、大学講師（非常勤）など

■コンサル関連の複業の単価

複数の収入元があるというのはサラリーマンにとって考えにくいことですが、現実にはこれらの複数の仕事のでき高が総計されて総収入になります。具体的な単価はさまざまで、数倍はザラで、また激しいときは数十倍の違いになり、これらを統一的に比較することは無理があることも留意事項です。

「複業」ですと複数から給料支給があり、これらを足すと給料総額になります。以下に事例として具体的な単価を示してみましょう。

・**給料1**：コンサル個人会社の給料：収入の3分の2が給料。経費は、事務所代、通信・

光熱・消耗品、接待・会議、外注・会計士など、旅費・交通費などで、会社としてのコンサル費用は15〜30万円・日（時間単価：3〜5万円程度）

・**給料2**：会社の非常勤役員、非常勤顧問、嘱託契約など（定額、回数など、5〜30万・回、10〜70万・月）

・**給料3**：大学の客員教授、非常勤講師（時間単価0・5〜1・0万円＋準備時間計上もあり、年間雇用300〜1000万円）

・**給料4**：官公庁の非常勤嘱託、評価委員、アドバイザー委員など：定額（10〜50万円・月）または個別時間給的な個人資格での講演、官公庁の評価、アドバイザリー委員など：時間単価0・5〜1・5万円程度

・個人事業主としての個別コンサル費用：5〜10万円・日（時間：1〜2万円）

2・2▼コンサルタントを志す技術者のための自立、自営の考え方

夢と可能性を重視すれば、**楽観的に**仕事を進めることができます。「できない理由」を探すのではなく、**「できる理由」を探す**ことで新しい道が拓けてきます。大切なのは、定年になって会社を追い出されるからコンサルにでもなるかではなく、人生の本番としての

後半は、独立したコンサルとして本気で社会の役に立とうという意識と姿勢です。これは、「前半戦」のなかで助走できるかどうかで決まります。

気が付いたことがあります。世の中で大切なことのひとつは、**おもしろくないことを中途半端にやらないこと**です。組織体制の中で自分の資産価値の棚卸しをしながら、不確定なものに挑戦して勝ち抜き、自立・自律する経験を持つことです。ぜひ、チャレンジしてみてください。個人を一つの事業体と仮定し、自分の「強み」と「価値」を発見し、キャリアの棚卸しからはじめるのが第一です。そして、最後は自分のロードマップ、マイルストンとアクションプランの作成につなげていきましょう。

■ホワイトの生産性がどんどん低下するという事実を乗り越える必要性

単純労働作業（加工、組み立て）は、一般的には若ければ若いほど能率はよいといわれます。熟練のスキル要素も加味すると、40歳ごろが最高の効率と仮定しましょう。いわゆる芸術的・クリエイティブな作業は別にして、熟練（複雑）作業については、ある年までは上昇するので、五感の衰えに従うとすれば50～60歳程度まではOKでしょう。そういう意味では、昔の50～55歳定年、最近までの60歳定年というのは、熟練・スキル的な仕事をする人にとってのリーズナブルな制度である（った）ともいえるでしょう。

一方、経営職はパターン化されていないクリエイティブな仕事なので、年齢制限はないことになります。日本の企業にはこちらにも定年制（内規など）がある場合が多いのは不思議といえば不思議です。限られた仕事を分け合うという「美徳の名残」だともいえます。経営職以外の高度な専門職としての技術者や技術をベースとした起業家などは、知的な頭脳職といえます。日本の制度が追い付いていないのは、ホワイトの生産性の低さだといわれる原因にもなっているところでしょう。

■組織からの「卒業」（自立と自律）という考え方の本質

何度か述べましたが、本書ではイメージとして50歳を中間地点に、その前後の25年、とりわけ50歳以降をメインに働き楽しむことを提案しています。前半は組織のなかで活動をしながら自立・自営への準備期間、後半は組織を「卒業」して、自己実現と社会価値創出を行なう本番の人生とするのがベースです。収入をシームレスに獲得しながら、年金だけに頼らず生きるのはどうしたらよいかの詳細はすでに別の著作で検討しましたので概要だけ示します（＊注1）。

多くの人は、組織を離れたときの免疫力を育成していないのが普通です。個人の未来戦略、つまり自分の望む未来の姿（ビジョン）は、組織を「卒業」したあとに見えてくることが多いのです。組織の中にいる人にとっては、将来組織を離れたとき、大雑把な予想と現実との大きなギャップに悩まされることが予想されます。

そこで、組織内にいる間、給料が自動的にもらえているうちに、**組織を離れる仮想実験**（移行期における助走）を行なって、自分の免疫を養成しておくことがひじょうに大切です。

組織を離れるということは、組織を「卒業」し自立・自律するということです。自立というと聞こえはよいですが、改めていろいろな組織と関わりを持ちながら、自分で自由に稼ぐ世界に飛び込むことになるわけです。

ここで役立つのが**ロードマップです**。**ロードマップの役割は、自分の意思による組織からの「卒業」準備**です。これまでに培ってきた能力を花開かせるための準備で、社会的な環境変化への対処力をつけましょう。そこで移行期において助走し、組織と個人の関係を考え自分自身の「卒業」のタイミングを見つけていくことです。

（＊注１：出川通著『75歳まで働き愉しむ方法』［言視舎、２０１４刊］参照）

■組織の価値と自分の価値の共存化とロードマップ

すでに述べたように、自立への具体的な対応の方策として2つの方向性があります。いわゆる**縦（専門性）展開**と**横（広域な融合・統合性）展開**です。少々ダブりますが、整理してみましょう。

まずは、すでに持っている専門知識の深耕化と、社会での武者修行です。博士号の取得はこれに当たります。自分の得意な専門知識をさらに深く掘り下げ、他人の追随を許さないようにしていきます。特に、その専門が自分の属する組織の中心的なビジネスやミッションと一致していたり近かったりする場合には、その手法は組織内外で有効となります。

今後、年齢に関係なく、専門性（スキル）を持つ人は、フリーランサー的な必要度が上昇します。専門家にならない人でも、なんらかの得意ワザを見つけることで、少子高齢化社会では不足する貴重な労働力となります。準専門家というスキルを身につけることで、継続的に社会とかかわり、収入を得ることができるのです。

もう一方の戦略は、**専門以外の分野の拡充**、広い領域での対応能力の拡大です。場合によっては特殊な専門分野と共通的専門分野（たとえば、法務、経理、財務系の会計士、弁理士、弁護士、工学博士と技術士などの資格獲得）とのダブルメジャー化やトリプル化です。

会社の仕事をベースにして事業の全体の流れをつかむ**MOT、MBAなどの経営系の学位取得など**も、その戦略であるといえます。これはΠ（パイ）型人間と表現され、多くのサラリーマンにとって、ちょっと何かを追加すれば獲得可能な有力候補です。

組織内外での自分の価値を判断し、それをロードマップとして描けると、自分自身の未来の見通しができます。それに対して投資していけばよいのです。これは大変な自信になります。

ロードマップを描くときの基本的な考え方に、**楽観性の視点**というのがあります。あるべき姿、理想形というのは、悲観的でも現実的でもなく、楽観的な視点で描くことが必要だからです。

しかし、楽観性だけでは物事は進みません。では、その通りにいかない時にどうするのでしょうか？　その方法が、**ギャップの着実な補完方法**で、それが自立するときのベースになります。補完の基本は、選択肢をたくさん持っていることがまずは大切です。一般的にも選択肢を多く持つことは豊かなことと置き換えることができますが、この場合にもギャップを着実に補完するための可能性のある選択肢がいかに沢山あるかが勝負となります。すなわち、自分自身、また周囲の人と真剣に未来について事前に、普段から検討・議論しておくこと（例えば、まさにこのようなライフデザインを多面的に検討するなど）が大切になります。

2章のコラム

筆者のコンサルタントとの遭遇経験

筆者の知的自営業＝コンサルタントとしてのスタートとなった経験に触れておきます。

ふり返ると筆者は大学の工学部を卒業したのちに、その大学の付属研究所で修士過程を修了しました。その後日本の財閥系製造業の研究所に配属。新事業立ち上げや各種企画、事業部経営などを経た技術者でした。52歳で独立し、コンサルタントの会社を立ち上げました。

いわゆる第二ステージ、すなわち在職時代、最初の知的自営業（コンサルタント）との出会いは米国への留学後、新規事業を模索しているときでした。米国で、技術ベースのビジネス展開について2日間のセミナーに出席しました。その時の講師J氏はもともと大企業メーカーの技術者でしたが、独立して個人コンサルタントになった人でした。技術だけでなく、ビジネス全体についても造詣が深く、幅広い知識に刺激をうけました。

このセミナーの終了後、すぐに個別にコンサルティングを依頼しました。実際に費用を支払って、企画中の新事業展開への相談をお願いしたのです。このとき初めて、技術者出身のいわゆる独立コンサルタントに出会ったといえます。

最初は、コンサルフィー（時間単価、レート相談）、コンサルのやり方の相談に始まって、ビジネス自体に関する技術、ビジネス内容のQ＆A、可能性の相談などへ広がりました。最終的には日本に来てもらって、このビジネスの展望と可能性を、会社の同僚、上層部、企画中の仲間にプレゼンしてもらったのです。

今から思えば、日本でＪ氏に密着同行して聞き出せたのは、いわゆる個人コンサルタントの米国でのビジネスモデルだったのでしょう。当時、日本ではそのような独立（個人）コンサルタントのビジネス形態は身近では見当たりませんでした。Ｊ氏のような自立したコンサルタント（Mr.J&ASSOCIATES 的なやり方）の考え方や実践方法などを知る絶好の機会だったわけです。

このような個人コンサルタント展開は、米国の中で大変大きな役割を果たしていることを知りました。そしてこれは、**いずれ日本においても一つの方法論になる**、**という確信**を得たわけです。

一方、**日本のコンサルタント**に最初にお会いしたのは、筆者が、本社経営企画部の課長に異動したあとでした。いわゆるメジャーなコンサルファーム、当時の三菱総研、野村総研、

ＡＤＬ、ＳＲＩ、さらにＣＤＩなどという大手のコンサル会社に、経営戦略、事業戦略、新規事業関係のコンサルティングを依頼した時です。

これらのコンサルタントは、いわゆる企業に勤めるサラリーマン・コンサルでしたが、組織としての蓄積で仕事をされており、データやフォーマット、プロセスのマニュアルなどがしっかりしていることに感心させられました。しかし一方で、だれに仕事を頼むかで成果に対する個人差（知的刺激を受けるレベル差）は非常に大きいことに気づきました。

後日談ですが、このとき優秀だなと感じたコンサルタントは、タイミングはいろいろですが、最終的に皆、独立（自立）していらっしゃいます。

第3章 技術者の複業型自立への考え方と実践的な方法

組織から「卒業」し、再雇用ではなく自立していく「知的自営業」の内容を、今一度整理してみましょう。技術者の自立の一つの例として、**ベンチャー企業の起業と運営**の話を少しします。技術者が経営者として自立する一番わかりやすい方法論が、ベンチャー起業ということだからです。

ベンチャー企業の存在価値は、**小さい組織だからこそできることをやる**ということです。既存の企業との差異が明確で、だからこそ連携ができるのです。既存の大きな組織体（企業）の課題に対して解決策を提供することが存在価値です。

大きな組織に勤めているサラリーマン時代に、組織を「ビジネススクール＋実験室」と考えることはこれまで述べてきましたが、**同時に組織の持つ問題点をあらかじめ摑んでおく**と、組織を「卒業」したあとに大いに役立ちます。

大きな企業体や組織体では、役割が分業化され新しい開発業務のような不確定性の高い業務に対応して小回りをきかせるのは苦手です。そのような問題点を把握しておくことが、大きな存在価値≒大組織の顧客価値≒市場価値≒ビジネスチャンスになるのです。

3・1▼サラリーマン技術者の道をいかしてコンサルタントになるには

■自分をひとつの「ベンチャー企業」と考える

リスク回避を至上命題のように行動する既存組織に対して、小さな組織体は自分でリスクをとらなければなりませんが、逆にそこに大きなビジネスチャンスがあるということにもなります。このことを理解して、組織の中で個人として未来に向けていかに助走するかはそれぞれの個人が決めることです。それを考えるとき、**自分自身をひとつのベンチャー企業ととらえる**と、いろいろなヒントが得られます。このマネジメントの実践は、組織からの「卒業」から自立へのトレーニングにつながります。

これまでの日本の企業人に求められていたのは、欧米諸国に追いつけ追い越せというターゲットが決まっているなかでの着実な実行でした。管理主体のなかではみ出しは許されず、リスクは事前に摘み取ることが求められたわけです。不確定な思考や行動は求められず、リスクを冒さないように管理するのがマネジメントとして重要でした。過去の数値・統計処理と経験重視のデータベース構築によってきちんと管理される。それが日本の教育体系の基本となってきたのは、ある意味良いことであったことは否めないところです。このとき必要とされたのは、創造性よりは勤勉性、規則遵守性、出身大学のブランドと専攻学部・学科などでした。

では、これからの企業人や専門家、さらに個人に求められているものはなんでしょうか。それは新事業・新商品として価値を生み出すイノベーションへの貢献です。そこにおいてこそ顧客価値、社会価値が生まれると考えます。そのためには、組織に所属しているときから、自分自身をひとつのベンチャー企業ととらえる発想が必要なのです。このことをもう少し具体的に考えてみましょう。

■給料をもらいながらビジネススクール以上のスキルを得るチャンス

自分自身をベンチャー企業と考えるということは、組織にいながら起業の準備をすることにつながります。では、どうしたらいいでしょうか?

真っ先に、組織（会社）内部で**新規事業を立ち上げるという起業の疑似経験**をお勧めします。この提案・実践は、技術者はもちろんのこと、営業でも企画管理部門の人でも可能なことであり、将来独立・起業を志す人にとっては、助走の絶好の機会です。しかも組織のお金を使ってほとんどリスクなし、さらにうまくいけば、その次は桁違いの資金が動かせます。それができれば会社のなかでの新分野への発言権の確保が確実となります。

これは、給料をもらいながらビジネススクール以上のスキルを磨くことを意味します。多くの企業がプロダクト・イノベーションへとシフトする昨今、企業側も手を上げる人材を必死で探しているのも追い風で、企業側もよろこぶ一石二鳥となります。ここで技術者である意味は、新しい技術でも古い技術でもそれを知っておくと、いわゆる発想や実行のシーズとなりやすいということです。

結果的にですが、筆者自身も、上記に述べたさまざまのことをやってきました。新規事業の提案・立ち上げ、それによる社内外ベンチャー起業、さらに分社化などによる新会社の設立、事業部長やプロジェクトマネジャーの経験。また中小企業と一緒に事業を立ち上げたり、商品開発をしたりです。その時期は今思うと会社から離れて、客観的に会社や自分を見る機会でもありました。

このような経験を通して、売り上げ管理、請求、価格交渉、受注管理、文書管理など事業の必要な流れを理解し、自分でも実行できるようになりました。これが現在にいたるまで役だっています。

特に**マーケティング活動は他人まかせにせず自分で動いて**顧客とのやり取りの勘を身につけることは、将来の自立・自律のために大切なポイントだったと、後々思い起こしています。

■技術者が組織（会社）を利用して自立することが可能な世の中へ

将来の**自分の事業にとっての顧客候補**も考えておきましょう。まずお勧めするのは、自分の属している企業・業界です。そこでは、それまであなたが培ってきたノウハウを貴重な体験と考えてくれる人と組織が多く、理解が得られやすいということです。いくつかの会社を掛け持ちすれば、その専門性はスペシャリストではなく、プロフェッショナルとしての価値をもって再生産されていきます。

次のターゲットは、同業者や異分野の企業群です。ある組織で最先端のスキルを手にしたあなたは、異分野の会社にとって大変な宝の山のように見えるでしょう。考え方や切り口が違う方法論や発想で仕組みを整理すると、それまで属していた事業分野ではそんなに変わったものではなくても、異分野では新しいビジネスモデルになりえます。

3・2▼MBAやコンサルタントの勉強をしないで（コンサル会社に行かないで）コンサルタントになる方法

一般にコンサルタントになるには、何らかの勉強が必要と考えていらっしゃる方は多いと思います。

ここでは、コンサルティングを専門分野の一種ではなく、語源の通り協議の仕方という視点で考えます。コンサルになるには勉強はいるのか、MBAは必要か、コンサル会社への転職経験はいるのか、そのあたりを一度整理してみましょう。

■コンサルは教えることでなく、一緒に考え、ヒントをアドバイスすること

コンサルタントになるために、最低でもMBAを取得するとか、コンサル会社に一度勤めてから独立しようとか思う方もいらっしゃると思います。もちろんそのようなキャリアップ経験が積める方はそれに越したことはありません。そうしたキャリアは自分の経験を整理し、それらを体系化することもできます。それは、顧客の視点に加えて自分の視点

を示すことにつながり、貴重な売り出しポイントにもなります。

筆者自身はコンサルに転出する前に、複数の大学で開設されたＭＢＡ講座のＭＯＴ講義を依頼され、社会人学生相手に自分自身の新規事業展開を解説したことがあります。これが結果的にＭＢＡ的な整理をしたことになったのかもしれません。この成果をまとめて、起業するときに新書にすることができました（＊注2）。

繰り返すようですがコンサルは専門知識を教えるだけでは務まりません。顧客も専門家であり、その知識の量や質に関しても、ある面ではきわめて深く、自説をちゃんと持っていることが多いのです。このような時に、コンサルタントが自説や少々古い知識などを振りかざすと、大変嫌がられることもあります。相手は顧客なので、いつでもコンサルを切る権利を持っているので、お客を失うことになってしまいます。コンサルは大学とは違って、あくまでも顧客は上位者だということを再認識することが大切です。

このためいくつかの注意事項が生じます。顧客と重なる専門分野でのコンサルについては要注意です。相手に自説や知識を教授、伝授するのではなく、あくまでも**質問に対して自分の経験範囲（他社の状況も含めて）を顧客の説や知識を補完する形でアドバイスする**ことが肝要です。

もちろん内容はあいまいではなく的確に、事実と自説、また一般的な伝聞についても明確に分け、不明なところをあらかじめ準備調査しておくという努力は必要となります。このためには、サラリーマン時代にできるだけ深く自分の研究分野を磨くことはもちろんですが、他流試合をできるだけ多くおこなっておくこと、また自社だけの動きでなく、世の中の同業、競合などの広い範囲の専門家と交流したり、ネットワークをつくっておく必要があります。

(＊注2『技術経営の考え方』光文社新書、2005)

■興味のある専門分野と関連分野を徹底的に広域化・深化させておくこと

一般的に大企業の中では、専門分野は小分けされ、限られた範囲の中で深堀りされる傾向にあります。これを〝蛸壺現象〟ともいいます。企業内でもそれを避けるためのローテーションももちろん行なわれていますが、それだけでは足りません。コンサルタントになったときには、顧客からの相談事は、想定外の驚くべき広さでやってくることを知っておきましょう。多くのコンサルタント志望の専門家が**顧客不足に陥るのは、自分の専門範囲を限定してしまうところにある**のも事実です。

自分が本当の専門とする得意分野は限られているものです。そのものずばりの専門分野、専門技術についての問い合わせはほとんどないといってもよいでしょう。15年間以上コンサルタントをやってきた自分の例ですが、ほとんどが専門分野以外のものでした。それをどのようにビジネスにしていくか、というマネジメントが問われるといってもいいでしょう。

筆者の技術面での専門分野は、「マクロからナノまでの材料・加工分野」というアドバルーンを上げてあるので、たしかに中堅、中小企業と、官公庁の評価委員についてはその分野のものがやってきました。しかし、最初は自分の専門に近いと思っていても、よく聞いてみると、その隣の分野だったり、切り口が全く違っていたりする場合が多くあります。このようなことから、専門技術系のコンサルタントを志すとすると、まずは組織の中で、専門分野の周辺をどんどん引き受けて、その幅を広げておくことが大切です。

■組織内での専門の広げ方：身近の技術・経営リソースを取りこむこと

自分の技術の幅を拡げ、深めるにはどうしたらいいでしょうか。組織のなかでやるべきことを整理してみましょう。

まず、組織の中の**専門違いの技術者を先生に**して、できるだけその専門性の内容を学んで自分のものにすることです。たとえば組織内に自分の専門以外に周辺の専門分野が5つあったとして、これを並行して学んでいけば、うまくすると10年くらいでそれらを身につけることができるのです。

他分野の専門を学ぶことには、**先生**の存在、一緒に学ぶ**仲間**の存在、終了**試験**などにパスすること、この3つが筆者は必要と考えます。その状況を組織のなかでつくっていくことも大切です。

筆者の場合は、結果的に会社の中でそのようなことを行なってきました。入社当時の研究所は、完全に専門別になっていました。新入社員として各研究室に1~2名ずつ同期生が配属されたので、入社1年目の夏から3年目まで、お互いに先生となって定時後に「勉強会」と称して、他の専門を学びました。最初は2~3人で始めたものがあっという間に10名レベルとなり、同期以外にひろがって最後は30名程度の大所帯になっていきました。もちろん、小テスト、終了テストも行なって、私設の卒業証書のようなものまで出したこともあります。もちろん時間外ですが、会社の上司も面白がって先生を引き受けてくれたこともありました。

これには二重三重に効果がありました。自分の専門性を広げるだけではなく、教えることで自分の専門分野の深堀りができ、専門の違う人との話によって新しい切り口や学際領域でのヒントのゲットにもつながりました。

コンサルタントの実力とは、周囲のことを実際にどのくらい知っていて、それらをつなげることができるかです。そういう意味では、さまざまな仕事に首を突っ込む性格の人はコンサル向きといえるかもしれません。異分野の知識・経験を体系化して提供しアドバイスを行なうことで、顧客価値をつくり出すことにつながっていきました。

3・3▼コンサルタントに資格は必要か？　あったほうがよい資格はあるか

ここでは、コンサルタントに資格は必要なのか、というのが主題です。結論的に言えばもちろん資格があったほうがよいともいえるし、場合によっては資格はあえてないほうが自由にできるという面もあります。ただ資格を得る過程で、頭の中の雑然としていた知識の整理ができること、さらなる情報収集用のアンテナ効果の面は大いにあるようです。そのへんを、筆者の経験上の話として整理してみます。

コンサルタントという仕事は、これまでにも説明しているように「顧客と協議」しながら顧客が満足すれば「価値が生じる」ので、開業するとき必要な資格は特にいらないのが正解です。しかし客から見て、こいつは何者なのかという疑問に答えることが必要な場合もあります。また企業に属していたサラリーマンがコンサルとして起業した時に、名刺の肩書が何にもないのはさみしいと感じる人も多いと思います。

一般的には、いわゆる資格といわれるものは数多く、一説には日本でとれる資格の数は３０００以上、そのうち国家資格といわれるだけでも１２００程度といわれています。その中で資格として技術者にとってなじみがあるのは、次に順に記述していきますが、専門家としての証明書としての学位や国家資格、さらに業界団体などの資格、その他にグループ分けできます。

一般的に言えるのは、各種資格はあくまでもその分野の入門証のようなものだということです。本格的な専門知識をコンサルとして提供するときは、実務レベルを超えたものが必要になる場合が多く、資格は必要ではないといえます。したがって自分で専門家として自信があるときは、そのような入門証の資格をしめすのではなく、**「〇〇領域分野の▽▽専門家」「〇▽でのマーケティング専門家」「顧客対応、プロジェクトマネジメントのコンサルタント」**などと自分で堂々と記入することも一つの手です。

もちろん公式の資格は、ないよりはあったほうが、とっかかりのコミュニケーションのスタートができやすいというメリットがあります。以下に、その分類と役割などを示してみましょう。

■専門家としての証明書──卒業証書、学位

大学などで勉強し、○○の専門家という証（あかし）がこれです。一般的には**大学の卒業証書、大学院などの単位取得証明、修士号、博士号**という学位などがこれにあたります。

現実的な効果としては、コンサルタントとして相手に対する説明を省くことができ、便利で邪魔にはならないものです。しかし、大企業やベンチャー企業などにはそれと同等やさらにそれ以上の学位取得者、さらにダブル・トリプルメジャーの方も数多くいらっしゃいます。そのため、それらは稀少価値としては作用せず、すぐにビジネスにつながるとはなかなか思ってもらえないものです。

その中で例えば博士号は、専門家の証明書としては一級といえますが、昔は「末は博士か大臣か」という言葉に代表されていたように到達点との位置づけでした。しかし今では博士号も到達点ではなく入門資格のような形になってきています。実態は工学博士、理学

博士、薬学博士、農学博士、医学博士などの標記でだけなく、博士（○○）などと多様化してきています。逆にこれらの学位があることで、場合によっては、狭い専門家として見られるという欠点もあります。

余談ですが、一般に名刺などには、資格として単にDr.と記載すると医者と勘違いされることもあるので、米国では専門内容いかんにかかわらずPh. Dと英文標記されます。資格大好きな人が多いドイツなどでは、Dr. Ing.（工学博士）と表示され、学位を２つもつ人は、Dr. Dr. ○○とか複数書くことも多くあります。

修士号にはいろいろありますが、日本でも米国などでも○○修士と名刺上などで表記することは少ないといえます。例外がＭＢＡ（Master degree of Business Administration）の修士号で、この学位号はどこで獲得したかということが問われることも多いですが、海外でも同様で、いまでもそれなりの価値をもっているといえます。

■国家資格について

国家的に認められている資格は世界的な共通性もあり、国際的な交渉事などで重要です。ライセンスや契約書の作成などに関して交渉に資格が必要なこともあり、昔は「士業」とも呼ばれ、厚い国家保護のもと人数制限的なこともあったりして、資格があるだけである程度の収入が確保されている面もありました。たとえば弁理士、税理士、会計士、弁護士、看護師、薬剤師、一級建築士、技術士などです。

しかし現在は激しい国際競争のなかで、自国内だけの問題ではなく、いわゆる実務家のスタート点での資格という形になっています。いわゆる目的から手段という、本来の趣旨の実務家という立場の資格にもどっているともいえます。資格があることで、実務も熟知しているという意味があるかと思います。

一方では、これらの資格の枠組みでの活動を行なうときには、**それぞれの団体が設けている枠組みや規則**が、かえって制限（費用の上限）となる場合もあります。規定の時間レートや各種の活動範囲の設定がある場合です。これらはその業界における実務者としての初心者的な人々にはプラスに働きますが、実務＋α型のコンサルタントとしての活動を行なう場合や、熟練・ベテラン者などにとっては、収入制限や融合分野での活動制限などにもつながることもあるようです。

■各種業界団体などが発行する専門性ある資格

次に、国などが直接資格を認可するものではありませんが、各種専門団体の資格には多くの種類があります。これらの多くは、それぞれの業界団体にアプローチして検定資格に合格する必要があり、団体の会員になったりすることがその資格の有効性などの条件になったりします。

これらの資格がコンサルタントに必要かというと、そういうわけではありません。とはいえ、お客様を探すときに、団体としてPRしてくれたりするので便利な場合があります。とくに最初の事務所オープン、開業時には便利なことも多く、スタートのときに活用可能です。また自らの向学心として広がりを勉強するネタとして取得することも、前向きな取り組みといえます。

技術者にとって関係が深い資格としては、技術士・情報処理技術者、知財管理者、高圧技術管理者、中小企業診断士、PE、プロジェクトマネジメント（PM）などがそれにあたります。しかし、こちらも個人コンサルとして自立するときには、いわゆる専門家集団としての団体の一律料金、規約料金などに縛られてしまって、**自由な料金設定ができない**などのデメリットもあることに要注意です。いずれにしても、どのような専門性やスキルをベースに、どのようなコンサル業を行ないたいかを考え、個人の知的興味分野で戦略的に資格を取得すればよいでしょう。

資格の話を整理すると、もちろん専門性を証明できるような資格であれば自分の頭の中を整理し幅を広げるという意味でよいといえます。しかしそれぞれの資格に拘泥すると視野が限定されることも生じるようです。また資格者の業界団体があり、ここでの規則や規定に縛られると、能力に関係のなく絞られていく可能性もあり、有能な人によっては制限となって自分の価値を発揮できないことにもなるようです。資格はあってＯＫではなく、クライアント確保のきっかけという意識も大切です。

3章のコラム

筆者が確保した資格にはほんとに意味がないのか？

筆者の確保した資格について、紹介します。資格としては、大学の卒業証書、その延長の工学修士、さらに企業の研究所の時に獲得できた工学博士が、いわゆる資格としてはすべてです。

その他としては会社の「卒業」後、実は独立コンサルになってからさらなる老後や余暇を豊かにしたくて獲得したのが、次に挙げる（**金にならない**）**民間資格**です。それらの多くはビジネスにはほとんど役立たないものですが、いずれも趣味として、頭の中の雑然とした（混沌とした）蘊蓄や知識を整理したくて獲得したものです。

筆者の趣味でもある旅や温泉巡りにからめて、温泉関係の「**温泉ソムリエ**」「**温泉入浴指導員**」があります。旅行が好きなところから「**世界遺産検定**」（とりあえず2級と3級）、また大好きな日本酒とビールでは「**日本酒唎酒師**」、「**ビールソムリエ**」を確保しました。また日本の花火の制作技術レベルの凄さに関心しきりだったので、もうすこし中身を知りたいと、大曲の「**花火鑑賞士**」をゲットしました。また、出版社から頼まれて故郷や神社めぐりの紹介本を執筆する都合上、常識を知るために「**神社検定**」（とりあえず3級）なども確保しています。

いずれも試験前には学生時代を思い出すぐらいの詰め込み勉強を最低一晩は行ないましたが、頭の中が大変整理されただけでなく、下手な蘊蓄は影を潜めました。そのことについても触れてみましょう。まずは資格をとると何かがおこるのではなく、資格をとるためには、ある程度その対象を俯瞰的、本質的、体系的に理解する必要が生じます。そうすると、雑然と断片的に入っていた各種情報が統一的に整理されるという経験を味わうことができます。自らの頭の中に漫然・漠然と、未整理に入っていた知識が整理され、すっきりさせることができるのです。

例えば筆者が日本酒の唎酒師という資格をとったときは、丸2日の講習と実技指導をうけて、1カ月後に丸1日の試験（午前は筆記、午後は実技）を受けるのですが、試験の数日前は、過去問相手に久しぶりで勉強（記憶）をしました（もちろん、実技試験用ではなく筆記試験用です！）。その結果、頭の中が整理できなんとか合格したわけですが、脳内のイメージでいうと、5分の1から10分の1への圧縮（すなわち脳内キャパは4～10倍に空いた）という感覚が生じたのです。唎酒師の免状を頂戴するときに、酒の知識はかなり空っぽになったという気がしました（これはキャパ空間が広がったといってもよいでしょう）。

またそのときの訓話が大変ためになりました。「皆さんはこれから、日本酒のプロになります。決して断片的な知識のお披露目はしないように、特にこの酒はうまいとか、これはまずいとか言わないようにしてください。お酒の美味しさは個人の相性や趣味で異なります」。じゃあ何が唎酒師として意味があるアドバイスかというと、「出された料理やその時の季節、気候にあった日本酒は何かを聞かれたら、積極的にアドバイス、リコメンドしてください」とのことでした。また重要なポイントとしては「もし品質に問題があるときはちゃんと言わなければいけません」。いわゆる日本酒の品質不良、特に高温や紫外線による変質ですね。このために「唎酒師」を取るときに、併せて（必須）「**日本酒品質鑑定士**」をゲットします。

この話は、じつはコンサル業一般としてもじつに意味が深い言葉です。まさに**コンサル業は自分の知識の押し売りをするのではなく、必要なときに必要なことを、お客様（顧客、クライアント）と一緒に考えてアドバイスしたり、その俯瞰的フレームワークを提供するもの**だからです。顧客が本当に必要としているものをピンポイントで提供できることが必要であるという意味で同じです。また、品質不良の酒のような行為や考え方については、明確に理由をつけてダメ出しすることも必要となるということになります。

第４章　顧客の探し方と大学教授、経営者との違い

コンサル業を開業した当初には、もちろん顧客はいません。しかし、ＰＲが足りないから、潜在的に顧客はいるはずだからこうなっている、と考えてしまいます。そこで、さまざまな発信（足でかせぐ、パンフレットをばらまく、宣伝になりそうなところにはどこにでも顔を出す……）を多数行ないましょう、ということになります。筆者も、そうした教科書的な方法論を片っ端から試すことから始めました……。

筆者の場合は、やがてなんとか顧客がみつかり、コンサル業も軌道にのることになりますが、どのような方法が有効でしょうか。筆者が初期の経験を通じて気がついたことなどを、できるだけわかりやすく整理してみましょう。

4・1▼コンサルタントの顧客はどこにいるか、お客をどう探すか？

世の中には、既存の製品を売る、拡販するという営業技術とマーケティング技術についての多くの書籍があり、ネット上でもいろいろな実践事例、ノウハウがあふれています。これらが、独立コンサルタントの営業活動につながるかというと、それははなはだ疑問です。なぜかというと、売り物がブツとかカタログの製品やサービスという明確なものとは程遠いからです。

■顧客はコンサル内容に価値を感じる方々

独立コンサル業の難しさのひとつは実際に何を売るかという、「ウリモノの特定」がされていないことにあります。市場も明確でなく、**まさに新規事業の展開と一緒**だと気がついたのは、創業後しばらくしてからです。逆にいうと、商品を自分で創れる、無限にあるといういい面もありますが……。

では、実際に何をしたかというと、まずはオーソドックスに「いろいろな発信」を試みたわけです。まずは各種専門誌などへの連載執筆や本を書いて出版すること、広い意味のマスコミのインタビューをうけること、セミナー会社の講師になっての講演などを2～3年かけてあの手この手で実行していきました。

いずれも少しずつですが、顧客の発掘と獲得につながりました。しかし、なかなか本格的な顧客獲得にいたりません。もちろんいろいろと試みることは必要ですが、広大なマーケットのなかでの個別のささいな発信だけでは空回りが多く、限界があると実感しました。

顧客はいろいろなことに興味を持っていても、本当にお金を出して買おうというものはごくわずかであり、またそれぞれの部門の上司を説得、納得してもらうことも必要なのです。自分が相手側担当者の立場で考えてみれば当たり前ですが、**本当に必要なときにしかお客はコンサルに頼もうとはしない**ものです。したがって、もし注文があるとしても、時間的・空間的にピンポイントなニーズが立ち上がる時だけなのです。

そこで一番効率的な方法として気づいたのは、お客さんには向こうから来てもらうのがベスト、こちらからいくらPRしても向こうのニーズとなかなか合わないということです。下手な鉄砲は数を撃てば当たるのではなくて、撃てども撃てども当たらないのです。客に命中させるためには、**価値を感じてくれる顧客候補に向こうから来てもらう**ことだと気がつきました。

■顧客候補を、どう探して効率よく来てもらうか

上記の気づきをベースにして、お客様候補をターゲティングして絞り込むことをはじめました。その具体的な手段としては次の3つです。

・コンサル顧客のターゲティング方法①セミナー開催・セミナー講師

自分のテーマやPRの内容に、お客さんから来てもらうこと。**一番効果的だったのは、テーマが関連するセミナーの開催**でした。自分で行なう場合と、既存のセミナー会社、講演会、学会、社会人大学講義などを活用することもありました。考えてみると当たり前ですが、セミナーには自分が得意としているテーマに関心が高い人しか来ないのですから、そこにはすでに十分選択された顧客が母集団として存在しているわけです。そのなかでセミナーを行ない、名刺交換をするということは、FACE TO FACEで直接会う機会となるのです。いわばお客さんが、〝鴨が葱をしょって〟きてくれるというわけです。

・コンサル顧客のターゲティング方法②記事・書籍・ブログ

自分の出した**書籍**、**ブログ**、**雑誌記事**などにコンタクトがあったお客さんに、ちゃんと

対応することです。これはセミナーのもっと広域版といえます。著書や記事に関心を持ち、わざわざ問い合わせしてくれるということは、素晴らしい顧客候補になる可能性があるということです。

・コンサル顧客のターゲティング方法③頼まれ仕事は断るな

頼まれた仕事は断らないことです。頼んでくる、本気で打診してくるということは、注文をくれるかどうかは別として、最高の顧客候補なのです。逃がしてしまったら本当にもったいない。頼んでくるということは、その依頼が解決可能と思われる専門家として期待されているわけです。何らかの重なりがあれば、双方にとって新しい切り口が見つかる可能性があるわけです。とにかく積極的に実施準備を行なって、コンサルの実現に努力してみましょう。

■市場へのアプローチ法①自分が顧客の立場に戻って考える

きちんと仕事をこなしてきた人は、マーケット側からみたら必ず価値があります。なぜなら、その仕事が組織の中で顧客の価値を形成し、企業の収入となっていたからです。

ただし、組織内にいる人が、組織外で市場・顧客価値を発揮するには、**二つの関門**があります。一つは、**どこに価値があるか直接は見えていないこと**です。それをある程度特定する必要があります。もう一つは、**顧客へのアプローチ**です。だれか営業の人がやってくれるのではなく、自分でマーケットへ直接アプローチするように切り替えなければなりません。一般にはその切り替えが見えない状態はリスクが高いということになります。しかし、自分でうまくアプローチできれば、直接つながることで売上の分配率も高く収入も上がる、というように状況は変わってきます。

筆者の経験としては、自分が会社にいてコンサルを使う立場だった時に、どのように自分（顧客）はコンサルを選んだか、**コンサルの内容やプロセスのどこに価値を感じたかを振り返ってみる**のが一番だと感じて、それを考え実行してみました。

マーケティングの手始めは、勤務していた組織での自分を、顧客側からみて価値判断することでした。マーケットでのリスクをへらすには、顕在マーケットでの自分の価値を判断することです。これができれば、サラリーマンを「卒業」したあとも、元の組織と円満に離れることができ、既存仕事の大切な受け皿になるのです。

■市場へのアプローチ法②市場から集まってくれるアプローチ

まったくの新しい潜在マーケットを狙う場合には、個人であっても**企業の新規事業展開でのやり方が参考に**なります。マーケット面で言えば、専門用語になりますが、ロジャース理論やキャズム理論の活用がベースになります。すなわち、萌芽マーケットステージでのニッチ狙いか、初期マーケットステージでの、ニッチではあるが少しは市場が見えている段階のほうが可能性は高いのです。売り物を新しく開発するタイプのビジネス展開においては、顧客がすでに明確になっていることが望ましいといえます。

次に、自分自身で顧客をどのように探すかについて考えてみましょう。

その観点では、まずは自分の強みを発揮できる新しい事業を起こすことをイメージするのが最良といえます。学ぶべき例としては、自営のコンサルティング会社、専門の技術や資材をもとに複数の会社をつなぐコーディネート的な商社、特殊な部品や製品を開発する試作会社、さまざまな情報を集めて目的に合わせて加工する調査・リサーチ会社などです。

これらには、会社や組織で培った専門性を異なった企業や組織で展開したり、大企業などの隙間の顧客価値をうまく提供したり、という共通性があるので参考になります。

■いわゆる斡旋、紹介業者（AGENT）をどのように考えるか

わかりやすくいうと、芸能人などがよくやる、事務所、エージェントに所属するということです。マーケティング活動の一つで、他人の力を借りる営業代理、販売代理という方法論です。営業の外注化です。

筆者もこれに近いことをいくつか試してみました。注意しておくべきことは、**何をお願いするか、どのくらいの営業費用をとられるか**です。現実的に営業関係者（いわゆるエージェント）がとる分け前は、通常30～60％です。これを高いと思うか、安いと思うかは人それぞれですが、本業関係で単なる「口利き料的な手数料」と考えると、本業以外でかなり高いと感じます。しかし、本業以外でいわゆる客の発掘から詳細打ち合わせと契約、さらに集金まで全部アレンジしてくれる「ややこしいことを全部やってくれる」手数料と考えると、妥当な金額とも思えます。

実際に友人のコンサルタントの何人かも、このようなエージェントを活用していて、その方からも登録をすすめられ活用したこともあります。何回かそのような中間エージェントを活用してコンサルを行なったこともあるので、気がついたことを述べておきましょう。

注意すべきは、コンサルタント業の中でも、これらの**エージェントを使うことで、**（飛

躍的に）顧客を増やすことができる人は限られるということです。エージェントにとってコンサルは商品ですから、その**コンサルが売れる前提**がいくつかあるはずです。気がついたことを整理します。

①コンサルとして商品内容（専門や分野など）が明確に表現できて、実績も豊富であること

②このためには、それぞれの分野ですでに定番があるか、または著名であること

③仕事はすでにある程度、自分で確保できていて、追加で（余裕で）いろいろな仕事を受ける立場の人

すなわち、コンサル初心者や、知名度のない人は中途半端で、エージェントとしては売りようがないのです。

また、一度きりの講演などの1回限りや本業以外ならば問題ありませんが、顧客と一緒に動いて考えるという仕事になると二度手間になることもあります。つまり、顧客との打ち合わせなど、間にエージェントを入れることによって要領が得られないことが多々発生してしまい、再度直接顧客とやり取りをすることになってしまうのです。間に入ってもらう価値はほとんどなくなります。

最初にお客をみつけてくれることやPRを兼ねた出番をつくってくれる価値はあるものの、それ以上ではありません。本業関係についてはよく整理してみる必要があります。

4・2▼大学教授とコンサルタントの違い

大学の先生や経営者が、コンサルタントになりにくいのはどうしてでしょうか。すこし経験談を述べていきます。理系の大学教授も広い意味では技術系のサラリーマンですが、教授とコンサルタントの違いを考察することで、これからコンサルを志望する方々の参考になると思われるからです。

結論的に言えば、成功する人もいらっしゃいますが、大学教授としては完璧でもコンサルタントとしてはまったくうまくいかない人もいらっしゃいます。

■相手（学生と顧客）の違いからくる基本的な違い

まずは「話をする相手」の質の違いです。教師には学生、生徒がまずいて、その職業が存在しますが、コンサルタントの場合には最初からお客があるわけではありません。まずはお客を見つけることから始めます。

また、学生には教師を選択する権利はほぼありませんが、コンサルタントの顧客の場合には、顧客側に選択権があるということも大きな違いです。

そもそも「ミッション」が全く違うのです。教師は答えとその解法を教える教育者の立場です。一方のコンサルは、答えがない問題に対して、何が課題かを一緒に考え、その人にとって最適な答えを導き出す立場です。すなわち、大学の先生は正解を言うことが商売ですが、コンサルタントは必ずしも正解を言う必要はないどころか、なまじ正解を語ったがゆえに仕事を失うこともあるのです。この辺りを最初から理解しないと、コンサルタント業はなりたちません。

■相手の何を満足させればコンサルタントは成り立つか

もう一つ大きな違いがあります。筆者もいくつかの大学で客員教授や非常勤講師として講義を依頼されていますが、どのような立場で授業を行なうかについて結構考えます。典型的な違いについて紹介しましょう。

まず先生（教員）の立場の時は、専門知識の普及者として全体最適化を考えます。学生層の平均的な生徒（学生）像をイメージして、その学生を中心に70～80％程度の理解を深めることが基本です。全体を満足させることが必要なわけです。

しかし、コンサルタントとして企業の技術者向けにマーケティングを兼ねたセミナーをする時には、一部の**本当に知りたい、困っている人に焦点をあてて**説明や対応することが求められるのです。すなわち、70～80％はある意味で犠牲にしても、10～20％の本当に必要な人を対象にすることを心掛けています。本当に困っている人に回答のヒントを示すことが大きな価値となり、顧客になって費用を払ってくれるからです。

■専門性の三つのポイントとは――AI（人工知能）に負けない必要なところ

コンサル業における三つの専門性について考えてみましょう。

技術そのもののコンサルの場合には、自分の得意なところが中心となりますが、直接の専門性が役立ちます。ただし、現在のようなビッグデータの時代には、常に知識のブラシュアップやリバイスを継続しておかないと、あっという間に陳腐化するリスクも生じます。

なにしろコンサルする相手は、まさに現役の専門家だからです。このため、専門のコンサルタントという立場は、なかなか成り立たないという面もあります。逆に多くの失敗を経験していたりする場合は、それが強みになることもあります。社内でのスペシャリストでなく、**世の中に通じる専門性があること**いうのが一つです。普遍性のある専門性なら、その道一筋のプロフェッショナルという立場で話ができます。

二つめは、専門性はもちろんのこと、**ほかの専門性に対してアドバイスできること**です。専門性だけでなく、広い見識と知識が求められます。

例えば専門用語は、なかなか一般の人には通じないものです。それを他の専門分野の人にわかりやすく伝えることができると、稀少性という価値になります。また、顧客の専門性や特殊性を聞いて、自分の専門や見識を融合させることで、あらたな提案やアドバイスができると、新しい視点を提供する技術的なコンサルタントになるわけです。

もう一つは、**専門性も加味したマネジメント系のコンサル**です。**戦略コンサル**ともいわれます。視野を大きくとり、空間的だけでなく、時間的にも俯瞰し、新たな切り口でアドバイスするコンサルです。この場合には、技術的な専門性はあまり意味をなさなくなります。なぜかというと、人間を対象としたマネジメントが主体だからです。多様な経験や場数を踏んで、人と異なる視点を持っていることが必要になってきます。

4・3▼経営者、担当者とコンサルタントの立ち位置の違い

コンサルタントは、あくまで外部から見て、決断（決定）のための選択肢を提供するものといってよいでしょう。しかし、コンサルティングをしていると、経営やプロジェクトのマネジメントに対して、具体的なやり方やアドバイスだけでなく、判断を求められることも多々あります。いろいろなケースや事例を出すのが、本来のコンサルタントの仕事だと筆者は考えていますが、実際はもう一歩踏み込んだ判断が必要なことも多いのです。

当事者としては、明確な答えをほしいところなのでしょう。とはいっても、二者択一的な判断、決断を要求される場合、それまでに得られている情報だけで十分かどうかということが問題になります。社内では経営的な判断や人事的な判断には通常立ちいることはできません。このため、判断のための重要材料が欠落していることが多いともいえます。例えば部外者には言えない事柄が判断のキーになることは多々あります。

本気でプロジェクトや会社の経営に対処するためには、口に苦いこともいろいろ言う必要があります。**通常のコンサルティングでは、前向きの「可能性の観点」から、できるだけ顧客に寄り添い、人事や経営のやり方についてポジティブに課題や問題点を指摘**はしま

すが、その解決策を具体的に判断し、指示するようなことはありません。コンサルでは、あくまでアドバイスという形にとどめることで、指示、命令ラインとは一線を隔しているのです。

それでも、**明確な指示や判断を要求されるとき**は、筆者は**一定の基準**をつくってそれらのリクエストに対処することにしました。

プロジェクトのマネジメントそのものを行なうときは、ある期間に限ってプロジェクト・マネジャー（PM）そのものになります。例えば6カ月間だけと決め、いろいろな情報をすべて挙げてもらい、的確な判断のためにほぼ専任的にPMを行ない、依頼元のクライアントはサブPMとしてやってもらいます。コンサルの枠を超えて実務を行なうので、その分費用はアップします。

さらに、**経営に対する直接のアドバイスを求められるとき**は、社外役員、非常勤役員となって行ないます。このときは、いわゆる経営責任が伴いますので、言いにくいことも明確に言うことになります。実際にこれまで、継続中（4社）もいれると10社程度の社外役員をしています。この場合の費用は、いわゆるコンサル費用とは別枠のものになります。結果として、言うことは同じことも多いのですが、立ち位置と覚悟は異なるのです。

■コンサル業の自由度と束縛度

コンサル業を開業するときは、知的な自営業として小規模（個人的）なコンサルを行なうか、人やシステムをつかって大規模にコンサルを行なうかで大きく異なってきます。

筆者は、自営業的な独立コンサルを基本としています。一人ではとてもできない規模のコンサルを頼まれるときは、チームを組みます。形態はいろいろですが、個人事業主、各種の会社、ＬＣＣ、社団法人、ＮＰＯのメンバーなどと最適なチームを組みます。これは**ネットワーク型コンサルタント**となります。これは、自分の自由度との兼ね合いになります。

自営業的な独立コンサルタントは自由度や稼ぎにはしばられませんが、大きく稼ぐことはできません。例えば1日30万円稼ぐとしても、フル（20日）で月間６００万円、12カ月で７２００万です。現実はこんなに毎日仕事があることはありませんから、目安としてその半分が実際のコンサル稼働日とすると、最大３６００万円が、知的自営業としてのコンサルの現実的な目的地点となります。

一方、**会社形式**をとって組織的に経営とコンサルタントをすることもできます。そのときは人を雇って組織的にやることもできますし、大規模なプロジェクトを取ることも可能になります。立派な資料を準備したり、プレゼンを何回も繰り返したりといった作業も増えますが、自分が忙しいときには代理を出すことも可能となります。

どちらが良いかというのは考え方の違いであり、また顧客側もそのどちらを好むかはいろいろです。筆者自身もいくつかの大手ブランドのコンサル会社の一員として動くこともあり、それはそれで楽な面もありますが、まどろっこしいという面もあります。もちろん最終的な価値という面では、お客の満足度が高いということが正解なのでしょう。

■異分野アイデアの融合により新しい価値を生む

筆者の知り合いの大企業出身で、今は先端的中小企業の社長であり、エレクトロニクスとバイオのハイテク業界で次々と新商品を生み出すことで有名な方がいます。その方の仕事を事例として紹介します。

20数年間、毎年数十機種の新製品が発表され、そのほとんどが売れて商品になります。そのすべての製品には、新しいアイデアが埋め込まれているのですが、ベースには既存技術（ローテク、レガシー）を用いて顧客ニーズを先取りするシナリオがありました。またそのアイデアのほとんどの源は、異分野でのコンサルタントや顧問活動から得られたものだそうです。それらの個別のネタはごく普通のものなのですが、**組み合わせることで他との違いが生まれ、新しい価値を創造する**のです。

異分野の智恵を融合するということは、他分野の知識や知恵を重視し、**リスクのある新規開発を極力避ける**という特徴があります。よく新規やユニークなものの価値が大きく取り上げられますが、新しいものは不確定性が多いのでリスクは高く、このリスクは極小にすることが大切です。こうしたリスクを回避する方針が、氏の頭のなかに本能的にはいっています。先人たちが築いてきた、異分野の汎用技術、既存のいわゆるローテク、レガシーを徹底的に使い、アイデアの融合で成功率を上げることが必要になるということでしょう。

自分の業界の常識は、他業界の非常識（新アイデア）です。異分野の業界で使われてきたものならば、それを取り入れることで、さらなる新アイデアを取り入れても、内容は安心できるものとなるのです。そう考えていくと、「意識が相手の価値」に及んだ時に、うまく廻っていくということでしょう。

では、**異分野から新旧のアイデアをもらうには**、どうしたらよいのでしょうか。それは**自分の持っている智恵を、その他の分野で惜しげもなく出す**ことです。ここで自らの智恵を出し惜しむと、新しいアイデアは得られません。自分が持っているものを吐き出すことで、新しい分野の智恵を聞くことができ、吸収もできるのだそうです。その業界の人に役立つシナリオを創出することで、真の新しいニーズとネタが聞こえて、吸収できてくるというわけです。

第４章のコラム

コンサルティングのための意識の棚卸と記入シート

では、実際に現在組織に所属している人がコンサルを志すときに何から始めたらよいか、ということに絞って解説します。具体的には、自分の意識を棚卸する方法を知ったうえで、会社人生での特徴を記入シートに記入しながら、自分の強みを見つけることになります。

■意識の棚卸――現状では何ができるか、未来は何に向いているか

10年以上サラリーマンとしてきちんと仕事をやっていた人ならば、その組織内での自分の強みが必ずあるはずです。会社の中でさまざまなことを経験してきた方には、間違いなく未来向きの新しい価値があり、それが強みとなります。大切なのは、その**強みを、組織の枠をはみ出して自分自身のライフデザインに落とし込む意識**があるかです。その意識に目覚めた時が、組織からの「卒業」時期、第二ステージから第三ステージへの転換期、知的自営業に向かうライフデザイン作成のスタートのタイミングとなるのです。

未来や過去を意識したときに、**自分探し＝棚卸**が必要になります。自分の人生全体への意

識が芽生えて不確定な未来が見え始めたときが、次のステージへのスタートです。一般的には組織から「卒業」し、自立して知的自営業としてのコンサルタントを開始するチャンスになるでしょう。

自分自身について考えることは、簡単そうで簡単とはいえないのが普通です。筆者自身もわからないながらも、とにかく「始めなければ始まらない」と唱えながら始めました。

多くの人は、自分はこれをやってきたということはいえても、「自分の得意な分野」を明確にいえる人は少ないのです。これは、ある意味では当たり前で、外の視点を持たない組織人間として生きてきた人には、客観的に自分の能力を判断するすべがないことによります。

じつは「自分の強み」が組織内では虐げられてきた場合も多くあります。そこでは自分内で認識されていないだけということです。また大きな組織の中でいろいろな部署をローテーションしてきた人は、副業として多くの武者修行をしてきたことと同じになり、持てる力は多岐にわたっているはずです。どちらにしても次のステージに行くときは意識転換し、苦労したこと、難しかったことは、いろいろな方面での強みとして発揮できるというプラス思考にもっていけばよいのです。

もちろん自分の得意分野がすでに見つかっていれば、自立することで、組織内にいたとき以上に世の中に貢献でき、世の中の価値につながる可能性は大きいのです。さらに何かを追加すればダブル、トリプルに専門性や特殊性を持つことにつながり、未来の価値への選択肢が広がります。

この具体的な手法として、昔からさまざまな方法が提案されています。なるべく多方面の切り口で星形や六角形のチャートで展開する定性的な方法などがのぞましいといわれます。切り口の一つとして、次で述べるようなキーワードや短文で整理してみることをお勧めします。

■自分の強みの棚卸のためのシート

まずは、自分探し⇩棚卸の活動を始めましょう。素晴らしい潜在能力が自分に隠れていると認識して、その能力を開花させるための投資と実行のロードマップを描いていく意識を持つのです。

最初のアクションは、現在と過去の強みの再認識です。その意識を確認するための補助として、**記入シート**の例を次に示しています。ポイントは一般のサラリーマンが経験していない、稀少性・専門性・特徴性をどんどん記入することです。とんでもない部署に配属され苦労した、だれも手を挙げない難しい仕事をやった、これだけは自分の趣味や特性として人には負けない、ということなどです。

(記入のポイント)	企業の中外での職種の経験(部署など)	その主な専門性とコアになるスキル	どうすれば専門家になれるか(さらなる対応の可能性)
・卒業時の専門	(入社時の専門)		
・企業の中で取得した専門知識(1)			
・企業の中で取得した専門知識(2)			
・企業の中で実施した希少性(1)			
・企業の中で実施した希少性			
・趣味、お宅性の得意なもの(1)			
・趣味、お宅性の得意なもの(2)			
筆者の経験の一部を記入した例	(記入例) 事業企画部(3年間、課長職)	(記入例) ・ビジネスシナリオ作成(各種事業企画書の作成) ・顧客マーケティング(初期顧客の対応)	(記入例) ・自分での社内ベンチャー立ち上げ ・MBAの聴講により実ビジネス経験を補強

図表7　自分の企業での生活のスキル・専門とこれまでの特徴の棚卸シート

第5章　生涯収入――インセンティブとモチベーションのファイナンス

「知的自営業」として独立してコンサル業につくと、一体いくら稼げるか？　これは最大の関心事の一つです。もちろん、基本給という概念がないのでピンからキリまでというのが正解ですが、基準となる考え方はあります。

年収はサラリーマン時代と同じレベルであればＯＫと考えるのではなく、**最低でもサラリーマン時代の2倍は狙ってください。うまくいけば3倍以上を目標**としましょう。なぜかというと、この考え方が、独立や自営する場合の時間単価の考え方となるからです。

それについて具体的に述べる前に、人生設計＝ライフデザインの基本的な考え方についてあらためて整理しておきましょう。

5・1▼自分自身へ何を投資し、どのように回収するか

■未来への投資は十分か

前にも述べましたが、ライフデザイン基本的な考え方のポイントは、**個人をひとつの事業体として考える**ということです。

「事業体」として新しくスタートした個人は、義務教育を経て、それぞれの特性、個体差、能力、特徴に応じて、さらなる教育を選択していきます。義務教育前の人生は共通のスタートラインにならぶ投資段階です（第一ステージ）。そして、その後の人生は、それぞれの新規事業展開をにらんだスタートアップ、強みの発見、自分のポジションの確保、生命の維持のための収支バランス、投資による発展など、さまざまのステージを経ていきます。同じものは一つとしてありません。

最初に組織内のサラリーマンとして採用され出発した場合には、いずれかの組織で、その経歴や能力、知識、智恵、経験を見込まれて存在している場合が多いのです（第二ステージの状況）。しかしその組織が必要とする能力は時間とともに変化していき、いずれは陳腐化して、その組織では不要となっていきます。これはリスクとも言えますが、チャ

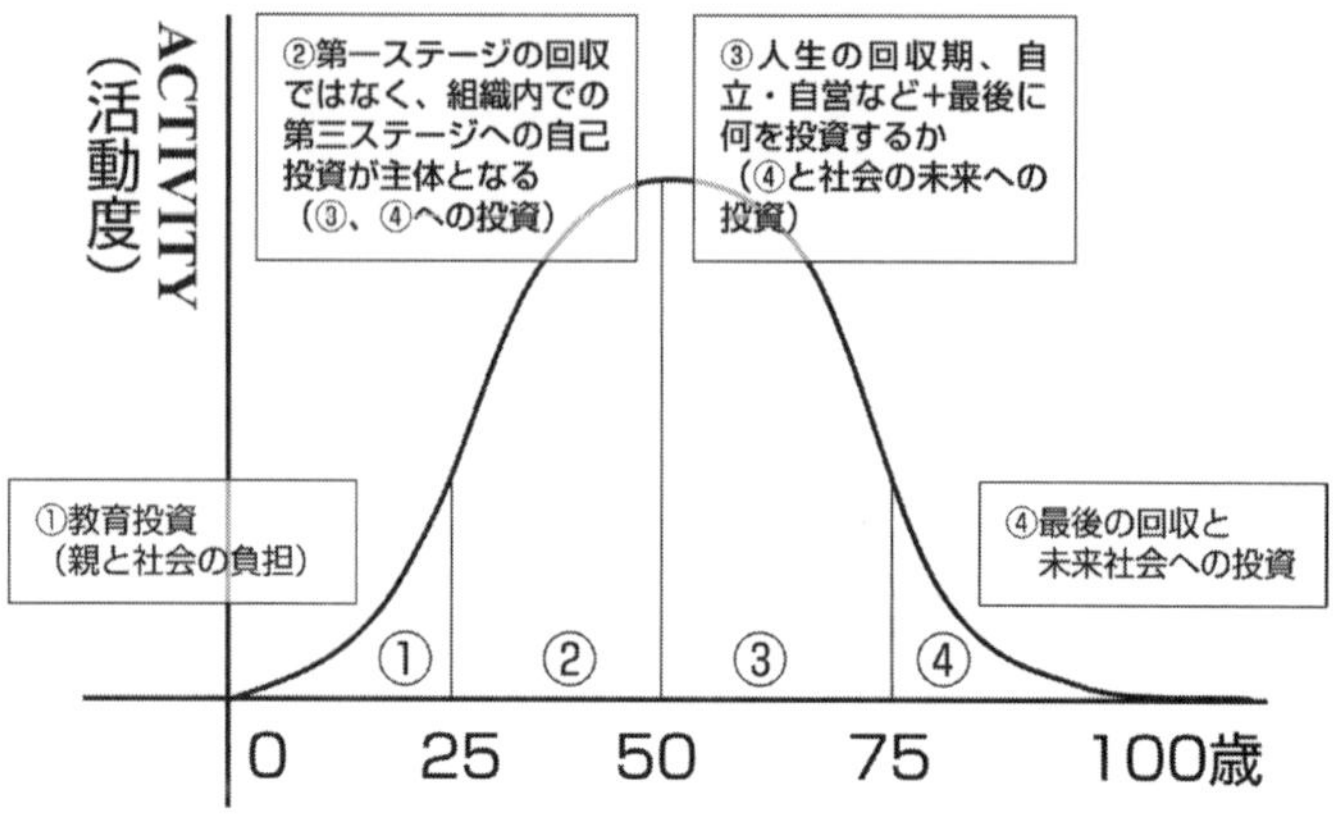

図表8　第二ステージ（助走）は第三ステージ（本番）への投資段階という考え

ンスとも言えるのです。なぜなら、それら「陳腐化」した知識やスキルは、別の組織では必要とさせているものかもしれないからです。これがうまくいくと、自立するときの大きなリソースとなり、使い方によっては強みとなりますし、そうすべきです（第三ステージ）。

図表8は、**人生を自分自身への投資と回収という視点で、ライフサイクル（LC）により俯瞰的に見た4つのステージ**のイメージです。自分自身への投資を回収するには、すくなくとも5～10年以上のスパンを考えることが必要です。実際、皆様のご両親は、みなさんが22～24歳になる頃まで、根気よく投資してくれました。そのあとみなさんは、自分自身への投資を行なっているでしょうか？

自分に投資する場合、いつが投資時期で、いつごろ回収時期がくるか、どんな内容かという視点も大切です。人間には寿命がありますから、仮に80代の投資は90代以降での回収を考えるため、回収が主要な目的ならば少々遅いかもしれません。とはいっても、あなたが40〜50代で自己投資をやめるとすると、50〜60代以降の回収を放棄することと同じになります。

投資効果についていうと、20代の投資（大学）が、その後30年（会社の定年まで）役立った時代がありました。これはひと世代前のお話であり、終身雇用定年体制などの陳腐化スピードがゆっくりだった時代の話です。生きた組織体では、**投資をやめたとき、即効果も終わりになる**ことが多いようです。このため自己投資は継続的に行なうのが大切です。効果を長続きさせるには、できるだけ早くから多くの投資をしたほうがよいのですが、その「効果を予想」しないと投資はできません。これがライフデザインを作るひとつの理由です。

■自己投資のパターンの整理

定年後に一般的な資格の勉強をしても、新しい仕事の獲得やセールスポイントという意味では、効果が少ないといってもよいでしょう。それならば、会社にいるときからどんどんやっておくべきです。会社の中でそれをする最大のメリットは、会社のお金でいろいろと、難しい、普段できない経験とトライアル&エラーを実施させてくれることです。しかも、ほとんどノーリスクです。

そこで、**「組織（会社）を利用した投資活動」の内容**を整理してみましょう。それらはこれまで述べてきた自立への移行・助走期の副業と複業準備ととらえることもできます。

①会社の中で、仕事として会社が投資する例……所属部署での専門性の深化、進化。専門性を拡げるための各部署でのローテーション：技術者から経営企画、事業企画など。生産部門から営業、業務、研究部門など（**副業的投資活動1**）

②会社が費用の大部分を出す形で、個人兼会社の仕事にもなる投資の例……会社推薦の学位取得、各種資格取得、海外留学、社内外の研修、セミナー取得、社会人大学院への入学（**副業的投資活動2**）

③会社の仕事としての社外活動（投資）の例……学会活動、異分野交流会、大学派遣、官庁への派遣、中小企業指導、営業活動としての対応（**複業的投資活動1**）

以下は自前での「自己投資活動」として、整理してみます。

④個人としての自分に対する投資の例……社会人大学院や自己啓発セミナーなどへの自費での参加など（**副業的投資活動3**）

⑤個人としての社会活動・学習活動を投資と考える例……NPO活動、各種ボランティア活動、各種公的教育機関での講師、実家の経済活動の手伝い、認められている複業など（**複業的投資活動2**）

■自分自身への投資の見直しと移行・助走期の設計

さて、あなたの自分に対する投資はなんでしょうか？　すでに第1章のコラムの副業・複業については、シートに記入済み（図表6、53頁）かもしれませんが、何を今後追加しますか？　さらに、この助走期について年代別に考え、**未来起点のロードマップを作成**することは大変有意義です。

新規事業などのロードマップには、投資内容と時期、その回収成果が必ず想定されており、それがロードマップの信ぴょう性と発展性を保証しています。自分自身の人生のロードマップにも同じことがいえます。自己投資とその回収を考えることが、ロードマップ作成作業そのものといえるでしょう。

さて、皆さんは20代、30代、40代さらに50代、60代では自分に何を投資しますか？　真剣に考えてみましょう。

図表9はそれぞれの年代における自己投資内容の構想表（イメージフォーマット）の例です。世代別に、自己投資の内容（するべきこと）、期待価値と成果、４つのステージとの関連を示しています。自分でも検討してみてください。

世代	投資内容の例：（何を目標に投資するか）	期待価値と成果：（何を成果にするか）	４つのステージとの関係：移行、助走（副業から複業へ）
20代	ひとつの専門を極める	組織への就職時	第二ステージの開始時期
30代	二つ目の専門を極める（準備をする）：ダブルメジャー化	組織内での自分の立場の確立（スペシャリスト）と自立準備	「知的自営業」準備期（第二ステージの最盛期、副業から複業へ）
40代	組織内でのスペシャリストから組織外で通じるプロフェッショナルへの修業	社内（外）での第一人者、組織の中ではできる限りのリスクテイキングと自分で実行	
50代	自分のためになる依頼仕事（講演、執筆、インタビュー、お試し依頼など）は断らない。できるかぎりの発信と貢献（収穫は結果としてのもの）	社外での第一人者になる。最初は範囲は狭くても、ニッチでもよいから、プロフェッショナル（プロ）の仕事、「○○分野は自分」を確立する	「知的自営業」適齢期（第二ステージ終了期でここから第三ステージが始まる場合が多い、複業から自立へ）
60代	自分の得意なところを、掘り下げて拡げる。余裕があればさらに仕事と関係のない分野でも拡げる。	いくつかの分野、広い分野での第一人者に名実ともになる。仕事以外でもプロとなる	「知的自営業」可及的すみやかに（第三ステージ、自立完了、複業型自立となる）
70代	自分の好きな、得意な分野を80代以降に極めていくことに投資を集中	はばひろく、世の中に役立つ（害のない、皆に好かれる）プロとなる	悠々とした知的自営業として、すべての本業、複業を愉しむ

図表９　世代別自己投資の再整理のためのイメージ例

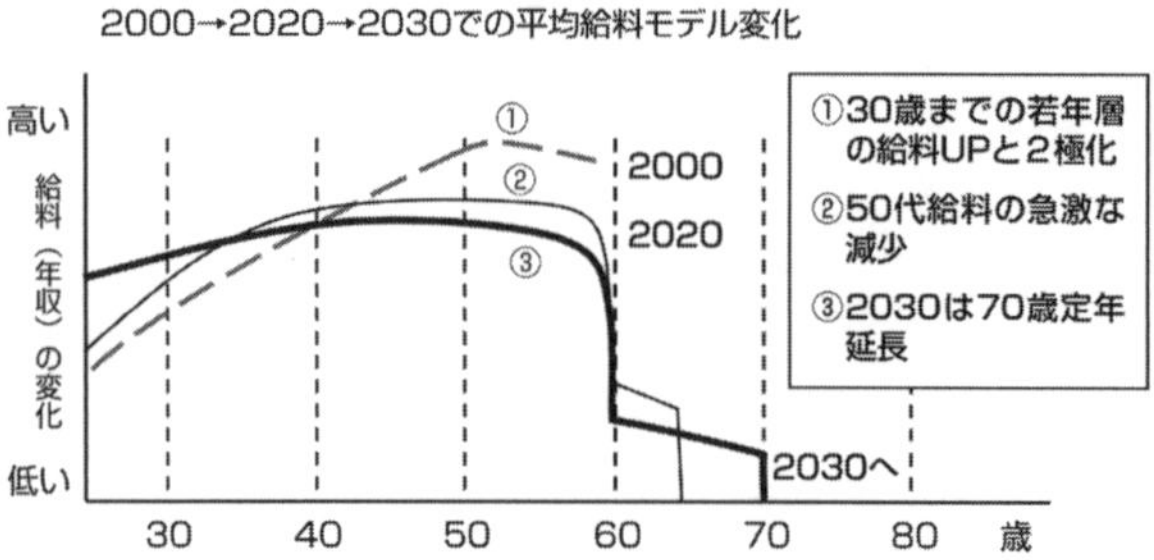

図表10　企業における給料（収入）の年齢依存性：（第二ステージの場合、組織で経営者・役員になるのは除く））

5・2▼収支計算の基礎：組織内での給与体系は大きく変化中

■サラリーマンの給与体系は大きく変化中

　ここで、日本の大企業における従業員の給与体系の環境変化について述べます。今後の日本企業の変化を予想することは、自分自身のリスクヘッジのために大きい意味があります。

　図表10で、現在（2020年前後）と2000年と2030年以降のそれぞれの時代の企業における年齢に伴う収入（給料）をイメージ化してあります（曲線の変化の比較［過去―現在―未来］）。

　これをみると、2020年ごろは、まだ50歳まで年功制度が続き、60歳定年までは給料も安泰です。しかし65歳程度までは雇用延長も可能といううたい文句ですが、給料は激減して終わるモデルです。すでに変わりつつある会社も多いですが、２０３０年ごろの近い将来までに年功序列はどんどん改訂されます。給料はジョブ型の実績主義で、若くても仕事の内容がよければ最初から高く、**多くの人々は50歳以降の給料は低下傾向**になります。50歳は、経営者・役員になるという一部の人にとってはチャンス（雇われる働き方から雇う働き方側への変更）ですが、これについては後程述べていきます。

いずれにせよ、60歳以降は不連続的に給料は低下するわけです。年金の基礎部分が出る場合、出ない場合などいろいろなケースで実質的な収入は異なります。一般的に、給料は60歳前にくらべて70〜30％に低下する例が普通で、定年が延びても、役員になっても70歳までです。これは企業全体の支払い能力を考えるとあたりまえのバランスになっていると も言えます。

問題は、多くの技術者にとって、これだけではモチベーションの維持だけでなく、人生後半戦（第三ステージと第四ステージ）を経済的に愉しめないどころか、人によっては維持できないところにあります。

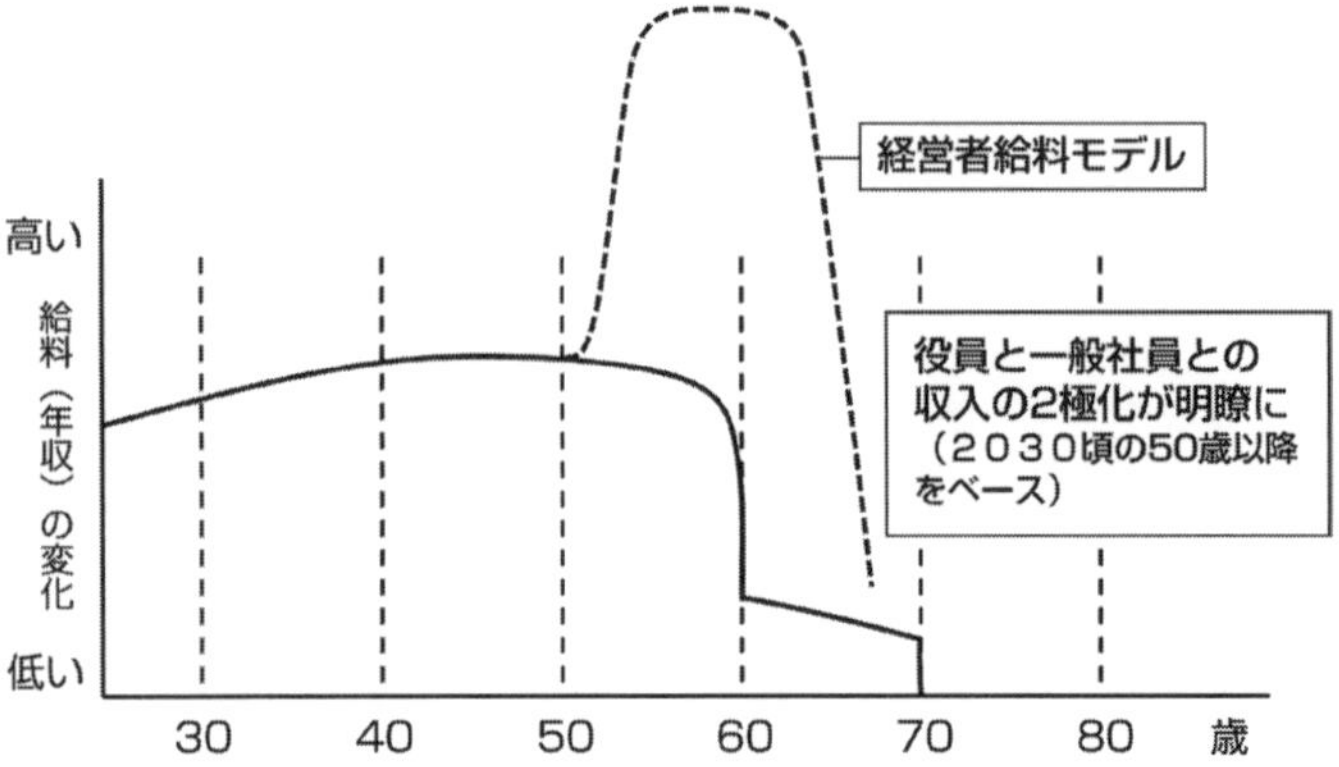

図表 11　サラリーマンのベストシナリオとしての経営者・役員になる場合の収入（給与）のイメージ比較（2030 年を想定）

■役員になれる／なれない

「組織人」のベストシナリオは、よく知られているように「役員、経営者」になることです。企業によっても違いますが、多くの組織体では、ある年齢までは多くの優秀な人を役員候補として競争させながら、その時の組織と環境条件でベストな人を選びます。

役員になると、従業員ではなく経営者となるので、その報酬体系はまったく異なり、多くの場合は大幅にアップします。これをイメージしたものが図表11です。ただし、2年任期で、途中でも何かあると即退任というリスクもあります。

自分の未来のファイナンシャル・プランを描くときは、このベストシナリオを選択することを頭に置きながら、そのとおりにならなかったときのことも比較して考慮すべきです。

役員になる場合は前述したように50代までにほぼめどがつきます。なれないとわかってから慌てても遅いといえます。あたりまえですが、第二ステージのあとを考えると、サラリーマンは役員にならなければ金銭的には恵まれません。組織で役員などの経営者に選別されるかは、能力というよりも（もちろんあるレベルは必要ですが）、そのときの諸々の環境条件で決まることが多いので、両方をにらんだ準備は必要です。

一方では、経営者だけでなく**技術者もクリエイティブな仕事であり、年齢制限はありません。**このような「知的なもの創り」能力は、年齢は関係なく、伸びる人はそれから伸びることも当たり前となってます。

■第三ステージのサラリーマンと経営者、期間収入の計算シミュレーション

では、具体的に会社勤務（第二ステージ）を終えて、第三ステージに入った**後半戦（50歳から75歳まで）の期間収入**を、経営者になった場合と比較してみました。その結果は、当然といえば当然、極めて当たり前の結果が得られました。その一部を紹介します。これらは単純なモデルを使った四則計算ですのでぜひ、自分でも計算されることをお勧めしま

す。また後程、コラムでも自分自身で簡単に計算できるように、計算例を示しています。

サラリーマンの到達モデルとして４つのケースを想定しています。ここではわかりやすくするために各ケース①②③④で、すべて「51歳から75歳までの得られる期間収入（退職金と年金除く）予測」を想定・比較しました。この4つのケースともに、従来の会社や組織依存型で、「ずっと同じ組織体系で雇われる・雇う働き方」のケースです。

50歳前後から①②は従業員として雇われる働き方であり、③④は経営者・役員となる（雇う働き方）ケースで、④はそのなかでも最終的に社長・会長（ＣＥＯ）になっていくケースです。

①大学卒業後、企業などでの管理職、技術専門職として定年、さらに65～70歳まで（定年延長）働くケース――51～70歳までの期間収入１・４～１・５億円レベル

計算例：実質定年を60歳、その後65歳まで再雇用、さらに延期して70歳まで働くとすると、51歳から70歳までの**収入**は１０００万円×10年＋５００万円×5年＋３００万円×５年＝１・４億円レベル

②同上で、上級管理職（執行役員、理事）レベルまで出世するケース
——同上、期間収入2・0〜2・5億円レベル

計算例：55歳で執行役員・関連子会社へ出向し社長や役員へなって65歳まで働き、最後は相談役・顧問で2年、再雇用追加で70歳で完全リタイアとなった場合の収入は、1000万円×5年＋1500万円×10年＋500万円×2年＋300万円×3年＝2・2億円レベル）

③同上で、役員（取締役ー常務・専務取締役）レベルまで出世するケース
——同上、期間収入3・0〜4・0億円レベル

計算例：51歳で執行役員、55歳で経営者となった成功技術者の例として、取締役のち、61歳で役付き（常務・専務）取締役まで昇進し65歳まで、さらに70歳まで監査役・顧問となった場合の収入は、1500万円×5年＋2000万×5年＋3000万円×5年＋1000万円×5年＝3・75億円レベル）

④同上で、社長にまでいきつくケース
——同上、期間収入4・0～10・0億円レベル

計算例：51歳で執行役員、55歳で経営者、取締役のち、61歳で社長まで昇進し66歳まで、さらに70歳まで会長となった場合の収入は、1500万円×5年＋2000万×5年＋5000万円×6年＋3000万円×4年＝6億円レベル。この場合は、ばらつきが大きいのでとりあえず③にプラスアルファとしています）

これらの**最終的な数字（50～75歳の期間収入）**をみていくと、会社生活を全うした場合、①の通常の部課長レベルで定年（延長も含めて）を迎えた人は1・5億円程度の総収入となります。②の執行役員や子会社の役員経験者という上級管理者では2～2・5億レベル、さらに③の取締役、さらに役付き役員（常務、専務）クラスまでになると3～4億円程度になります。収入だけでみると、サラリーマンは役員にならない限り恵まれない、という言い方もできるわけです。ただし、役員には**環境変化で一期（2年）での退任、あとは従業員ではないので、全く面倒は見てくれないというリスク**も当然あります。

また④として企業の社長になれば年収は大きくなりますが、そのレベルはさまざまです。

いわゆる外資系などでは数十億レベルもありますが、不景気の会社では一部上場企業といえども部長に毛が生えたレベルの年収数千万円程度の会社もあります。このため、社長の収入差はここでは考慮にいれていません。

5・3▼組織からの自立：知的自営業の場合の収支計算

■知的自営業は、どの程度稼げるか

多くの方の興味は、知的自営業になってどのくらい稼げるか？に集中します。何をリスクと考えるか、また何を自分の目標とするかによって大きな違いがでます。いろいろなレベルがありますが、**知的自営業として自立し、第三ステージで頑張っている人たちをリサーチした事例**があります。その一部を比較例として紹介していきます（詳細は第2部で）。

大企業の学卒の理系技術者、研究開発者から定年前・後に「卒業」・「自立」した事例を10名以上集めました。それぞれ年次チャートをつくり、時系列的な収入のヒアリング調査を行ない、知的自営業の収入面での実際を推定しました。ここではその結果だけ示します。

例えば技術者として50歳の時に組織から「卒業」して、**第三ステージにおいて知的自営業として「独立コンサルタント、高度専門家」で自立するモデル**を出してみましょう（図

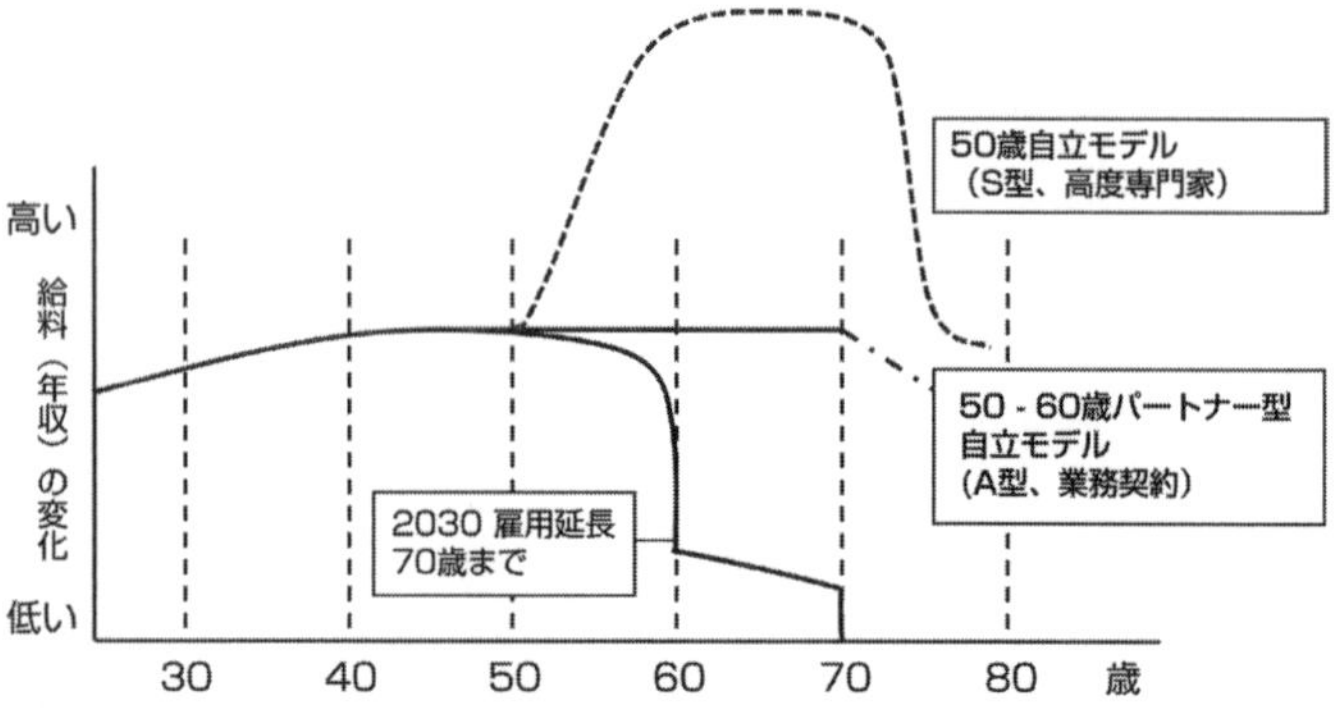

図表12　50～60歳代で自立した場合の年収の年齢依存性イメージ：第二ステージに第三ステージを加えたモデル――給料はもらうものから自分で稼ぐもの

表12）。

年収を維持する場合（A）と年収を超える場合（S）を併記しています。そのどちらかになるかは、50歳までの組織にいるあいだの努力と助走準備（自己投資）次第です。これは社外専門家の時間給や、コンサルタントへの実際のレートを考えると、組織内での年収の二～三倍は決して難しい話ではありません。

■51歳以降の総収入（75歳まで）——知的自営業で目指すべきレベルとは

第三ステージ（51〜75歳を中心）で、収入的にはどれくらいを目指すか、実際はいくらか、クラスに分けて考えてみましょう。サラリーマンのモデルと比較するために、すべて「51歳から75歳までの得られる累積収入（退職金と年金除く）予測」を5-2と同様に比較しました。本書で目指す知的自営業はSレベルであり、悪くてもAレベルです。また、ここでは40歳前後で自立・起業し成功した例をSSレベルとして追加してあります。

・**Aレベル**：50代の収入レベルを65歳まで、さらにセーブして75歳まで維持
51歳以降の期間収入：1000万×15年＋700万×10年＝**2.2億円レベル**

・**Sレベル**：50代の収入レベルの倍増（55〜70歳）、以降50代のレベルを75歳まで（大企業、大組織の役付き経営者［上級経営者］レベルを目指す）
51歳以降の期間収入：2000万円×15年＋1000万×10年＝**4.0億円レベル**

・**SSレベル**：40代で自立・起業の場合（第二部で3人ほど扱う）50代の収入レベルの3倍増（55〜70歳）、以降75歳まで2倍増（大企業、大組織の社長・会長レベルを目指す）

51歳以降の期間収入：３０００万×10年＋２０００万円×15年＝**６・０億円レベル**

結論的に、51歳あたりで組織から離れて独立して第三ステージに移った人は、総じて50～75歳での期間収入が４～５億円程度となっています。また55～60歳と定年近くまでいた人でも、うまく第三ステージに移ると３～４億円程度の期間収入となっています。これだけをみると、**基本的には組織から早く「卒業」するほうが、ファイナンシャル的には有利**といえます。これは同じ仕事をしていても、仕事の単価自体は同じでも、長く（75歳まで）働けることと、後述するその「分配率」が自分でやっている自営業のほうが高いからだ、ということもできます。

実はさらに40歳代で組織を離れた技術系の人たちをＳＳレベルとして加えると、彼ら・彼女らの総収入はさらに高くなり、組織内で頑張って社長・会長（ＣＥＯ）まで行きついた人々と引けをとらない（凌駕する場合もある）収入となっています。

※生涯すべての総収入を計算するには、以上すべての場合に22～50歳までの総収入１・７億円＋退職金（２０００万円）＝１・９億）と各自の年金［65～70以降：年間２４０万

円」を加えます。個別の生涯総収入になります……これらの計算式詳細と内容は、本章のコラムに記載しています。

5・4▼コンサルタントの収入が有利な理由とその意味

なぜ知的自営業は収入・ファイナンシャル的に有利なのでしょうか。それを考えてみましょう。

■サラリーマン時代は仕事分の収入を得ていない

ここで、従業員の稼ぎと、その分配の結果である給料の問題を解説しておきましょう。この項は、日本の優秀な技術者に特に知っておいていただきたいところです。一般的にサラリーマンは、特殊な個人契約でない限り、会社の給料は仕事の中身に関係なく年齢やキャリアに伴う横並びの傾向があります。このため仕事の内容に比べて、給料への配分（**労働分配率**）は、高度な仕事（ホワイト）をしているほうが、低いといえるのです。

組織の仕組みをある程度知ると気がつくと思いますが、従業員の存在は、じつは結構なコストとして計上されています。企業経営には「労働分配率」という概念があり、これは従業員（役員も含む）が稼いだ価値をどのくらい給料に反映させるかということです。**通常の仕事をこなしている人は30％、どんなに良くても50％が実際の給料**となります。

もし個人で同じレベルの仕事を継続して行なったとすると、単純に年収は3倍になってもおかしくないということです。これは、自分にとっても組織（企業）にとっても同じです。仮に仕事の量がサラリーマン時代の70％としても、収入は2倍になってもおかしくないわけです。

これが、**自立した個人コンサル（知的自営業）の醍醐味**です。ざっくりいうとサラリーマン時代の一般的技術者の給料は、時間単位（レート）でいうと稼ぎの30％程度しか給料をもらっていないといえます。

■「知的自営業」の収入の考え方——具体的な時間単価（レート）と年収

51歳の時に組織から「卒業」して、自営の技術コンサルタント（高度専門家）として自立するモデルを検討してみましょう。年収を維持する場合と年収を超える場合を併記しています。そのどちらかになるかは、50歳までの組織にいる間の努力・能力と、顧客のニーズの高さ（価値）次第です。時間単位給として分配率を上昇させられることを考えると、実際にも決してむずかしい話ではありません。

例えば、企業のなかでのコストレートが1万円／時間の標準的なホワイト系のサラリーマンが自営業になった場合、同じレート（企業側の負担は同じ）で計算すると、日給8万円、月収160万円（20日労働）で年収2000万円となります。もし土日も働く、残業するモデルとすれば、このままでも年収3000万円となりますし、50％の仕事率（月10日の仕事）であれば、年収1000万円の収入が確保される計算になります。

サラリーマンが組織を離れるときの最大の問題は、定期的（自動的）に給料がもらえなくなるということでしょう。これは、会社一筋で、いわゆる複業的な小遣い稼ぎをしたことのないサラリーマンには切実な問題です。逆にこの問題さえクリアすれば、**もらえるものがもらえていなかった構造を変化させる（収入が増える）**ことが、現実的に可能になります。

■高度な専門職としての技術者の能力（時間単価）は50歳以降に向上

技術者の仕事は、経営職と同じかそれ以上に知的業務です。「もの創り能力」（熟練もあ**るが個人差、センスの差のほうが大きい）は、年齢に関係なく60歳、70歳と伸び続けます。**

制度が追い付かない日本の雇用制度の中で、60歳以降にこの能力が埋もれてしまうのは、個人にとっても会社にとっても、また社会にとってももったいない話といえます。

そこで技術者は、早くて30歳、遅くても50歳以降の自分価値の作り方について、頭脳型のもの創り能力向上へと、集中的に投資すべきです。もし、**組織内の作業の質が外でも通用するとすれば、時間単価は最低で1時間1万円、通常は2～3万円、高度になると弁護士や経営責任者などの時間単価と同じ5万円以上の価値がある**のは当然といえます。

顧客側の企業としても、それを外部の個人に外注しても損をしません。社内レートで支払っている費用負担と一緒だからです。繰り返しますが、途中で組織としてのカットがない（配分率１００％）と仮定し、収入に換算すると、最安計算単価でも1万×8時間×20日で１６０万円／月、年収２０００万円が稼げることになります。ちょっと高度な2万円／時の設計・開発技師だと４０００万円、さらに稀少性があれば時間単価5万円で1億円プレーヤーの年収となります。これが75歳すぎまで確保されてもおかしくありません。

パターン化されたもの造りの時間単価・収入と比較してみましょう。いわゆる個人職人系の業種としておこなわれているマッサージ、鍼灸、理容師などの自営業が５０００～６０００円／時間、これがちょうど大企業の工場におけるブルーワーカーの作業レートと一致します。熟練度が低い作業、派遣事務職、中小企業の場合のワーカーレートは3000円程度、その加工製品が生む付加価値によってもちろん変化はしますが、一般的には 3000〜6000円／時間といったところでしょう。

参考までに月収という形で計算すると、もし配分率が100％であれば、3000円／時間の場合でも3000×8時間×20日＝48万円／月〜96万円／月となります。これでも年収1200万円です。組織から離れて自立・自営するということは、収入面でこんな意味があるのです。

■米国の開発ベンチャー企業の技術者の給料はなぜ高いか？

筆者自身が組織内にいるときに実感した事例があります。それは、日本の大企業と米国のベンチャー企業で同じレベルの仕事をしている技術者の給料の違いです。コスト構造としての価値はほとんど一緒だったのに、日本の大企業の技術者の給料は同じ種類の仕事をしているベンチャー企業の技術者の年収のほぼ半分となっていて、びっくりしました（じつは米国でも大企業の年収はほぼ日本と同一でした）。

簡単にいうと、**時間単価・レート（コスト）は一緒でも、分配率が米国のベンチャーに**

おいては70〜80％に対して、日本（米国も）の大企業では30〜40％程度だったからです。米国のベンチャー企業では、過去の大きな設備投資や中間管理職などの固定・償却費用がないため、分配率70〜80％が可能だったのです。

これは、組織の持つ予防的、官僚的、過去の投資費用回収などの組織維持費への費用の差ということができます。属する組織によって間接費用が付加され、結果的に仕事の内容や質に関係なく、給料が高い場合と安すぎる場合が出てくるのです。日本のホワイトの競争力の問題としてよく指摘されますが、沢山もらっている経営者はあまり手をつけたがらない問題なのです。端的にいえば、知的労働者ほど会社のなかでは労働分配率が低いことが、残念ながら日本企業の特徴となっています。

ではどうするか？　ここが**50歳以降の自立・自営、起業の目のつけ所**といえます。現実的には**以下の３つの手**が打てるでしょう。もちろん、属する企業において頑張って経営者になるという手はありますが……。

①給料分配率の高い企業に転職する……例、米国のベンチャーのような会社に再就職する。

②**知識労働者としてフリーになる**……これが本書の「**知的自営業**」です。プロフェッ

ショナル専門家としての自立、自営する。

③起業し、その経営者になって分配率をコントロールできるほうになる……企業における利益配分は経営者の専属マターです。

現状ではこの3通りしかないかと思いますが、③の起業については資本（資金）リスクが生じる場合があります。②の知的自営業は知的資本という自分が資本ですから借金などでの債務での起業ではありません。

繰り返しになりますが、分配率が米国のベンチャーは0・7、日本の大企業は0・3程度のため、**同じコストでも、得られる収入は米国ベンチャーでは2倍以上**になっています。

また米国では当時から、社外専門家という各種独立コンサルタント（会社で業務契約して支払う）が多くいました。理由は、コスト計算で出て行く金額が同じならば、社外の専門家を必要なときに必要なだけ使ったほうが、企業にとって経済的であり合理的だからです。

また自営業としてのコンサルタント側も、いろいろな企業から並行《パラに》して稼ぐことができ、企業と個人両方のＷＩＮ－ＷＩＮであることも新しい発見でした。

5・5▼大企業の経営者を超える知的自営業の生涯全収入

これまでのケースについて**図表13に総まとめとして、生涯年収の比較**を示しました。そこでは前述の期間収入（51〜75歳）に、就職から50歳までの期間収入と退職金を加えた生涯年収を整理しています（なお、この図表では、厚生年金、国民年金などの年金は入っていません。どの場合でも生存した年数だけ同じように加算していただければよいかと思います）。

人生の後半戦（50歳から75歳まで）の収入内容は、第二ステージでの自己投資と関連しています。自己投資の内容は、基本的に第二ステージである就職期間（22〜27歳から50歳まで）に、実際どのように自分に投資するか、ということです。これは第三ステージ、第四ステージでの回収時期の収入につながっていきます。

就職してから50歳まで、いわゆる第二ステージにおける収入は、ここではとくに比較するわけではないので、標準賃金や年収データを筆者が実際に近いと推定した数字（詳細は本章のコラム参照）で、一律1・7億円としています。また、退職金は50歳以上の場合、すなわち定年延長しようが、役員になろうが、50歳以降退職しようが、どの場合も一律

	最終役職・クラス	期間のイメージ（50歳までの総収入）	生涯年収レベル（億円）
企業での給料・報酬例	管理職：部課長までで、７０歳まで定年延長	70歳まで働くとする（50歳まで退職金を含んで1.9億）	1.4+1.9＝3.3億レベル
	執行役員クラス（５０歳から）		2.2+1.9＝4.1億レベル
	役員・役付き役員（５０歳から）		3.75+1.9＝5.6億レベル
	社長・会長（61歳から66歳まで）		6億+1.9＝7.9億レベル
知的自営業（組織からの卒業）における収入例	A（60歳直前・定年で卒業し自立）	75歳まで働くとする（50歳まで退職金を含んで1.9億）	2.2+1.9＝4.1億レベル
	S（50代前半卒業し自立）		4.0+1.9＝5.9億レベル
	SS（40代卒業し自立・起業）		6.0+1.9＝7.9億レベル

図表13　生涯収入に関する基本データの比較イメージ
（50歳までの収入は基本的に同じと考えて計算している）
（年金は考慮していない）

2000万円として計算しております。最終的な組織からの獲得収入は**退職金を入れると一律1・9億円**となります。

この図表では、知的自営業については、計算（総収入推測）につかった、Sレベル、Aレベルと、40代での組織からの離脱で成功事例のSSレベルも加えて比較してあります。

執行役員クラスになった場合は、ならなかった場合の8000万の生涯賃金差、常務取締役クラスの経営者になった場合は、ならなかった場合の2億3000万円差で、生涯賃金はほぼ倍となります。すなわち経営者時代の期間で、普通のサラリーマンの生涯分以上を稼げることになります。サラリーマンとしては、これが最大の成功パターンです。何回も出てきますが**企業や組織内で頑張るとしたら、当然目指すのは「経営者」**となる理由です。

ただし大企業・中堅企業（いわゆる子会社や中小企業ではない）の社長業の年収はピンからキリまで、数十億円から、経営状態がよくなければ部課長クラスと同等と差が大きいので、要注意です。また経営者（従業員ではなく、退職しているのでオーナーでない限り自立型の1個人です）のリスクとして、環境変化も大きく、2年ごとに再任されないというリスクも大きいのです。この場合には雇用延長という従業員向けのプログラムは機能しません。本比較表では、どの場合も最大70歳まで役員をエンジョイできるという最大値を示してあります。

知的自営業で75歳まで働くとしたら、これももちろん幅（Sクラスの場合とAクラスの場合）がありますが、**大企業の経営者になった場合に十分匹敵、またはそれを上回っていることも事実**です。また、40代から自立して成功している場合には、SSクラスとして、経営者の最上位成功者（社長、会長）と一緒レベルとなる可能性があるといってもよいでしょう。

〈第5章のコラム〉

ライフデザインのファイナンシャル・プランと計算ベース

ここでは、自分の収入計画についての基礎的な考え方、この章で用いた各種収入シミュレーション計算のデータ根拠、計算の詳細について述べます。

ライフデザイン——自分の人生を設計するときに、どのような働き方計画（キャリアモデル）を構築するか、収入獲得の方法論をまとめたものがファイナンシャル・プランです。これをベースに個人のライフデザインを作成することになりますので、ぜひ一度は自分自身を例にして計算してみてください。

■生涯収入計画、ファイナンシャル視点のモデルにトライする

組織内にいるにせよ独立するにせよ、年金を受け取って生活するにせよ、生きるための収入（資金の取り崩しも含めて）の視点は必要です。ここでは、老後資金は貯めるのではなく、廻すことが重要というとらえ方をしています。フローでお金を得て使う発想が必要とします。

定年になり、その時から一切働かないとしたら、生きるための源資は、子どもや孫からの

援助がないとすると、仕事を辞めた時の資産と年金がすべてです。この時に必要な資産（資金）を見積もってみましょう。働かないということが、残された人生にどのようなリスクを生じさせるかわかってくると思います。

もともと、人生が短かった時の年金制度は、残りわずかの定年後のボーナスという制度でした。医療の進歩により人生が長くなったこれからの時代は、働ける人々は可能な限り働き続けることが、自分の金融的な面と、社会に対する貢献、次世代の人たちへの負担軽減になります。

ここでは、主に50歳代以降の収入と支出に絞って、個人のファイナンシャル・プランを書いてみます。ほぼ、月割りでの必要、あるいは収入をベースにして年収、必要経費、預貯金、年金などを書いてみることが第一歩です。

まず、収入面を検討します。元気で長生きをするということは、未来を自分で切り開き、新たな個人、社会の生きがいを生み出すことです。不安だといわれる年金問題も、年金を増やせと無理をいうのではなく、継続的に収入を得ることができれば自分で解決することができます。

■収入計算ベースの例――大学卒サラリーマンの収入の考え方（20歳代～70歳までの収入、計算上の仮定）

収入の基礎的な数字として本書では、以下のような考えを前提（仮定）条件にしてみました。各種年収などのデータは、計算基準を日本の製造系大企業、中堅企業としています。標準年収モデルについては下記とします。

①20代から60代（定年延長70歳）の年収は（50代以降は経営者以外）以下と仮定します。

・20代：400万円（／年、以下同様）、30代：600万円、40代：800万円、50代：1000万円、定年延長61～65歳：500万円／年（65～70歳は300万円）

②大学卒の25年以上勤務の大企業における平均退職金が2000万円と仮定

③年金の受け取り標準額は以下と仮定します。国民年金：年間70万円＋厚生年金：年間170万円：65歳以降（2030年以降は70歳以降とする）の受け取り高は年240万円とする。

（大学卒サラリーマンの入社23歳から50歳までの期間収入の推定例）

23～30歳：400×7＝2800万円＝0・28億円≒0・3億円

31～40歳：600×10＝6000万円＝0・6億円
41～50歳：800×10＝8000万円＝0・8億円
（参考：51～60歳は1000×10＝1000万円＝1・0億円：役員とならない場合）
23～50歳の、組織内活躍期の期間収入は1・7億円となります。

■サラリーマンから経営者となる場合の51歳から75歳までの収入

デロイト・トーマツコンサルティングと三井住友信託銀行が共同で行なった『役員報酬サーベイ（2018年度版）』によると、東証一部上場企業659社における報酬総額水準の中央値は、以下のように算出されています。（出典：大企業の役員年収平均データ＊）

・**社長**・・・5552万円
・**取締役**・・・2160万円
・**社外取締役**・・・756万円

社長と会長については業績によりばらつきが大きいのですが、ここでは以下の年収と仮定しています。

①**執行役員**や**理事**という役職は企業体により諸説ありますが、ここでは上級管理職部長とし

て、1500万円 ②**取締役、監査役**は2000万円 ③**常務取締役**は上級の役員として3000万円 ④**相談役・顧問**は1000万円 ⑤**社長**5000万円、**会長**3000万円とします。

■**本書での生涯収入の計算例まとめ**：大企業モデルの定年延長で第二ステージを65歳まで全うし、95歳まで生きると仮定すると年金と退職金を含めた生涯収入は下記となります。

・本書で用いた雇用延長型の大学卒の95歳までの生涯総収入では、0・2億円の退職金もいれて1・7＋0・2＋1・4億（51～60歳の1億円＋61～65歳の0・25億円＋66～70歳の0・15億円）＋0・7億（年金の65～95歳分追加）＝4・0億円となります。

50歳までを第二ステージとして、それから自立する知的自営業モデルでの生涯収入（95歳まで）は、参考事例では頑張れば（S、SSクラス）年金も入れると6・8億円から8・8億円と2倍程度、悪くても（Aクラス）5・0億円と1・2倍程度となります（いずれも2020年頃の価値換算）。

第2部 理系・技術者による知的自営業・独立コンサルタントの実践事例

第2部は、個別の技術者のケーススタディです。さまざまな時期に組織から自立して実際に「知的自営業」「独立コンサルタント」として活動している方々の事例を取り上げます。ここでは、サラリーマン技術者からの移行、自立後の仕事の内容と収入シミュレーション、うまくいったポイントなどを整理してみます。

第6章 40~60代で組織を「卒業」し自立した技術者11人

理系の技術者から知的自営業、すなわちコンサルタント、大学教授、独立契約者などの高度専門家になり、複業型でその他のプロフェッショナルな仕事を行なっている11名を取り上げます。**組織から自立を果たした時期をベースに4つのパターンに分けます。**45~55歳前後で「卒業」し「第三ステージ」に進んだ人を中心に、60歳定年で定年延長を選ばずに自立した人も含まれます。早々と40歳で組織を「卒業」「自立」した人や、55歳の役職定年後に独立した人まで、選んだ年齢、やり方は人までさまざままでです。

内容は「全体概要」「組織内における働き方（修行・移行段階）」そして自立後の「第三ステージの自営状況」「収入のリアル」「成功のポイントと思い」等です。多様な環境下での考え方、働き方、実際の収入等が実感的に理解できると思います。

〝勝負どころ〟である51歳から75歳までの25年間については、「自営」した場合／しな

かった場合の比較を、リアルに推定算出しています。

ここでの登場人物は実際のモデルに基づいていますが、あくまで筆者が独自にトレース・推測を加えた「架空人物」であることはご理解ください。

この整理をしていて改めて気がついたのは、普通のサラリーマン技術者が「第二ステージ（雇われ働く時代）」において、なんらかのきっかけで意識と行動が変化して「第三ステージ（自立・自律する本番人生）」に移ると、**輝きの年代になる**ということです。

6・1▼50歳代に「卒業」し、自立した3人の技術者の事例

50代に自立する場合、40代に移行期間としての副業・複業的な準備が必要となります。人生100年時代、定年は延長されつつも組織内では自分の力が思い切って発揮できないし、収入も限界がある時代です。通常の定年（実質55歳、公式には60～65歳）より、一足早く自立を決断し、実行した3人の技術者について、その軌跡と収入のリアルなどをみていきましょう。

（1）大手精密機械メーカーの専門技術者から役職定年で独立して身を立てる：A氏（溶接・接合技術の専門家、技術コンサル）――56歳「卒業」

「A氏の経歴概要」

大手精密機械メーカーの技術者だったが、家庭の都合と本人の「生涯技術者の希望」で役職定年時55歳に会社都合の制度で退職。その時に技術士事務所を設立し、大企業、中小企業、ベンチャーなど多面的に専門を生かして活躍中。現在75歳。

「組織内における働き方（修業・移行段階）から自立まで」

中央研究所内の事故対策の専門家、研究技術者として、役職定年（55歳）まで勤め上げました。将来にそなえて技術士の資格を確保していたのが準備といえば準備。

自立するも、最初は勤めていた自社の非常勤嘱託扱いで、初年度は週2日通っていました。それだけでは給料が大幅ダウンとなり（従来の3割程度）、それ以外の会社のコンサルや非常勤の勤務を希望し、他の企業などでの契約可能先などを検討。しかし当初は大企業を対象として探したので、どの会社にも専門に詳しい研究者や技術者がおり、なかなか簡単ではありませんでした。また中小企業では、興味は持たれましたが、給料（単価）水準が異なることや週1日などの需要しかなく難しい状況でした。

「第三ステージでの自営状況」

技術士の協定価格はあるものの、それだけでは週2日で月8日程度だと、会社時代の給与にはまだ不足します。また福利厚生、保険、年金などは自腹となるので、そう楽ではありません。ところが、知人ネットワークを通して雑談程度に訪問したナノテクベンチャー企業に話をしたところ、そこではこの種の専門家が必要で、すぐに会って話を聞いてみたいということになりました。実際にすぐに来てくれということになり、週2日の受託型のようなコンサル業務をゲットすることになったのです。ベンチャー企業にとっては、経験のあるこの分野の人を探していましたが、フルタイムの必要はなく、フルにお金も出せない状況だったのです。

その後、3年目にお会いした時には、元の会社の契約は週1日に減っていましたが、ほかに2社、さらに別のベンチャー企業との契約も継続で、ほぼフルタイムです。その間にスポットのコンサルやセミナー講演もはいっていて、大変忙しい状況となっていました。

いろいろな会社に出入りすることで、かつて自分が経験した出来事の再整理と、さらに新しい知見、考え方をゲットできて、面白くやりがいがいっぱいということを話してくれました。

さらに最近お会いしたときは、元の会社やベンチャー企業とはすでに契約が切れていましたが、新たな会社と複数社を定期的に契約することで週日の8割は埋まり、さらに大学にも頼まれて週1日の講義・演習を通年もっているとのことでした。大学は非常勤講師なので、少額の収入にしかなりませんが、昔の同僚に比べると大変充実していて、現在総まとめ的な専門の解説書を出版すべく努力中とか。

「収入のリアル」

60代後半での年収は現役時代よりかなりアップしています。その前の10年の収入を推定すると、週4日で、80万／月＋α、現役時代を若干超える年収になっているとお聞きしました。このように年収ベースで推測すると、51歳から55歳まではサラリーマンの給料でしたが、独立しての収入は56～60歳までは、会社契約のみだったので８００万円×5年程度。61歳からは各社の契約がはいり、70歳までは１５００万円／年×10年で、再雇用の場合とは年収で1000万円以上の差（プラス）がついています。さらに71歳からは75歳までペースを落として、コンサルというよりは顧問として働くということもあり、5年×800万円＝4000万円ということで、51歳以降の総計収入は2・8億（年金、退職金除く、以下同じ）となります。

もし企業にそのまま在籍し、定年＋定年延長（再雇用）の場合の51歳以降の収入でほぼ1・4億円の差が生じてくる見込みとなります。特に60歳以降の収入差が歴然であるのは明白です。これは企業に残って役員を務めた場合とほぼ同額レベルか、若干多い額かといえます。

「成功のポイントと次のステージ（生涯）への思い」

Aさんの場合には、実直な技術者のタイプで、とても人柄がいいという特長があります。相手が年下や格下であっても嫌みや自己主張もなくて、まわりから安心して頼めること、とくに事故調査などの対策や、原因追求も相手の立場を考えながらアドバイスをおこなっており、ずっと現役といえる状態です。希望は75歳、さらに年収が減っても生涯現役が望みという状況でした。元気な限り知的自営業は継続すると思われます。

年代	主な業務内容	助走としての自己への投資活動（企業内）と知的自営業への道	それぞれの年代での収入（Tは51 - 75歳の期間収入）
23 - 40	企業研究所、研究員	学会発表、論文発表	
41 - 50	研究グループ長、事故処理、解析担当	学会発表、論文発表	
51 - 55	（事故処理の専門家）	技術士取得	1000万円×5年（0.5億円）企業内
56 - 60	技術系コンサルによる知的自営業Ⅰ	自立コンサル（技術士事務所開設1）、出身企業受託	800万円×5年＝0.4億円
61 - 70	技術系コンサルによる知的自営業Ⅱ	自立コンサル（技術士事務2）＋ベンチャー嘱託、各種複数企業受託＋大学非常勤講師	1500万円×10年＝1.5億円
71 - 75	技術系コンサルによる知的自営業Ⅲ	自立コンサル（技術士事務所3）、各種企業受託、顧問	800万円×5年＝0.4億円 T＝2.8億

図表14　56歳で「卒業」したA氏の第二（移行期間）、第三ステージ（自立期間）での仕事内容と推定年収（年金、退職金除くイメージ、以下同じ）

（2）総合電機系メーカーから一度他業種に転職し、その後独立コンサル：B氏（電子工学系―システム系）…51歳転職、55歳「卒業」

「B氏の経歴概要」

総合電機系メーカーから他業種（コンサル系）中堅企業に一度転職し、最終的に独立コンサルとなる。B氏は電子工学の専門家です。最初は主流の電子機器の生産技術関係で徹底して現場中心で部長になるも、会社の定年時まだ2人の子どもが小学生と中学生。このため、定年後の再雇用だけではダメと覚悟を決めて、45歳の時に独立コンサルを目指すことを決意。51歳の時に形は転職ですが実態はＩＴ系の修業に出て、最終的には55歳で独立し、いま60歳を過ぎたところで油が乗り切ってます。

「組織内における働き方（修業・移行段階）」

50歳までは、ある意味で技術者の平均的な働き方といってもよいでしょう。51歳の時、専門性は十分ありますが、これにもう一つ専門を増やすため直接関係のないシステム・インテグレーションの会社のコンサル部隊へ、修業と新たな技術取得のため転職しました。当初の目的通りの転職で、5年目の56歳で自立を果たしました。

「第三ステージでの自営状況」

独立を決意して個人コンサル会社を立ち上げる覚悟で外部の会社に転職してわかったことは、生産技術を熟知している複合的なＩＴコンサルは、稀少性が高く非常にニーズが高かったことです。独立できる自信がついたので5年で「卒業」し、独立しました。もちろん不確定要素はいろいろとあり、また想定外も起こりますが、実際に船出してみると、予想以上の相談や広がりがみえているとのことで、順調な出だしといえました。その後も順調で、まずは、予定ベースによる平均的な生涯年収を推測してみます。もちろん、今後の展開いかんでは、これよりも大きく稼ぐことは可能です。

「収入のリアル」

51歳以降の生涯年収比較推定です。最初の会社にいて、役員とならないと仮定したら、期間収入は１０００万円×10年＋５００万円×５年＝１・25億円がよいところだったでしょう。

次に、転職＋独立・自立をしたことで、どのようになったを推測してみましょう。転職後は5年間で給料はそう変化はないとすると、1000万円×5年＝0・5億です。独立後、最初の5年間は仕事に慣れながらもニーズは高いようなので1500万円×5年、60代は脂が乗りきっているとはいえ、凹凸もあると思うので少し安全にみて1500万円×10年、70代はスローダウンして1000万円×5年とすると、期間収入は3・25億円と見込まれます。

「成功のポイントと次のステージ（生涯）への思い」

このまま最初の会社で残って役員になったと仮定しても期間年収は3・1億円と推定できます。それをも上回ることは収入面でも成功といえるでしょう。ちなみに、B氏の人柄は非常によく、人の話もよく聞き、知らないことに関する勉強も情熱をもって取り組み、いやみのない性格で、だれからも好かれるという面もお持ちです。

年代	主な業務内容	助走としての自己への投資活動（企業内）と知的自営業への道	それぞれの年代での収入（Tは51 - 75歳の期間収入）
24 - 39	生産技術＋技術開発本部		
40 - 50	技術本部、技術企画関係、人材開発関係など	工学博士、技術士、中小企業診断士	
51 - 55	ＩＴシステム系コンサル企業へ転職	別会社でコンサル修業	1000万円×5年（0.5億円）
55 - 70	独立コンサル1	（コンサル事務開設）、複数企業受託	1500万円×15年（2.25億円）
71 - (75)	独立コンサル2	（技術事務所）、各種企業受託＋大学講師	1000万円×5年（0.5億円） T＝3.25億円

図表15　51歳で仮「卒業」のための転職、55歳で本格「卒業」のＢ氏の第二、第三ステージでの仕事内容と推定年収

（3）エレクトロニクス企業から外資大手コンサル部長、自営コンサル創業：C氏…51歳「卒業」

「C氏の経歴概要」

大学の電子工学専攻後、大手エレクトロニクス会社へ入社、社費の海外留学をへて、海外工場全体のエンジニアリング、プロジェクトマネジャーを歴任。40歳で外資系シンクタンク転職でコンサルタントに。その後コンサル部長、本なども多数出版後51歳で独立、独立コンサル創業。70歳からは独立コンサル2（ペースダウン）として活躍中、現在74歳です。

「組織内における働き方（修業・移行段階）」

C氏は通常の技術者から海外留学、海外駐在経験を経て視野を広げ、外資系コンサル会社に転身。そこで、新しい手法や領域を切り拓いて早々に幹部に昇進しました。そのまま居続けるか独立するかの境目は、転職先の外資コンサル会社社長交代に伴い、事業リストラ（再構築）で切り拓いた領域がなくなったことで、独立する道を選んだのです。

「第三ステージでの自営状況」

独立後、70歳までは株式会社形式でのコンサル1で、複数企業受託、著書出版、定期セミナー開催。元は大企業の技術者だったので、技術者や大企業経営者の気持ちや仕組みが理解できる、クライアントからは評判の良い経営コンサルタントです。

「収入のリアル」

C氏はもしエンジニアとして最初のエレクトロニクス企業に継続して勤めていたら、最低でもライン部長職、うまくいったら役員までなったと仮定して比較してみましょう。もし部長職で定年、その後は再雇用・嘱託で65歳まで働いたとすると、ざっと51歳から72歳までの収入は１０００万円×10年＋５００万円×５年＝１・５億円となります。うまくいって55歳で役員、さらに常務クラスの役員となって65歳まで、監査役として67歳までなったとしたら、１０００万×５年＋２０００万×５年＋３０００万円×５年＋２０００万円×２年＝51～75歳で３・９億円となります。この金額が独立した場合の70歳までの収入とほぼ重なります。サラリーマンとしては上級役員になるかならないかは、大きな年収の差となって出てくることは明確ですが、現実は転職・独立することですでにそれを超えて稼いでいることになります。

さて、一方では外資系シンクタンクに勤め続けたとしましょう。51歳から60歳まで外資の給料はメーカーの時の1・5倍と見積もれ、役職定年もなしとします。1500万円×10年＝1・5億円。これは60歳から経営者になったとすると3000万円×5年で1・5億、合わせた期間収入は多くても3億レベルです。これを超えるのは、社長になることぐらいかと思います。

「成功のポイントと次のステージ（生涯）への思い」

独立してコンサル会社を立ち上げたあとは、51～60歳までほぼ2500万円の給料を確保したとして、61歳からは1500万円×10年、71歳からは1000万円にスローダウンして75歳まで働くとすると、1000万円×5年＝0・5億で、総計4・5億円となります。大企業での役員コースに乗って上級経営者になった場合といい勝負、少し上回っているのが明確です。現状では75歳まで引退は考えていないということで、まだまだ稼げます。いまでは、人生を楽しむことにも達人で、夏はサーフィン、ヨット、冬はスキー、春秋は釣りや毎年の数週間レベルの海外街歩きと人生を謳歌されています。

年代	主な業務内容	助走としての自己への投資活動（企業内）と知的自営業への道	それぞれの年代での収入（Tは51 - 75歳の期間収入）
24 - 39	大手エレクトロニクス企業エンジニア	海外赴任、プロジェクトマネジャー歴任	
40 - 50	外資系コンサル部長	本出版多数	
51 - 60	独立コンサル1複数企業受託	（独立コンサル会社事務所開設）、本出版、定期セミナー開催	2500万円×10年＝2.5億円
61 - 70	独立コンサル2、新企業創出	各種出版、新会社創立	1500万円×10年＝1.5億円
71 - 75	総まとめコンサル		1000万円×5年＝0.5億円 T＝4.5億円

図表16　51歳で本格「卒業」するC氏の第二、第三ステージでの仕事内容と推定年収

6・2▼60歳定年まで会社に在籍したのちに自立・独立した3人の事例

総合化学系企業で定年まで
（1）腐食・防食の専門技術者としてつとめ、技術コンサルタントとして独立：D氏…60歳定年で「卒業」

「D氏の経歴概要」

定年まで総合化学会社に勤めました。会社の仕事を「専門の実験室」と考え、ひたすら自分の専門に磨きをかけてその道のプロに。休暇を利用して本を出し、セミナー講師や大学講師（非常勤）を複業としていました。60歳の定年で教師兼コンサル業として知的自営業として自立し、現在78歳ですが、まだまだ活躍中です。

「組織内における働き方（修業・移行段階）」

D氏は企業で新しい表面処理法（腐食・防食技術）の実用化の草分け的な存在で工学博士。地方の研究所暮らしが長く、役職定年（当時55歳）まで担当部長でした。その後は55

歳で専門職の扱いで子会社（試験・加工センター）に移って60歳で定年。その後自立し、関連子会社などの嘱託を確保して独立しました。

試験・加工センターに移る前から、その分野の草分けとして、工学博士の学位も50代で確保。少し業務に余裕ができ、子会社に移るころから、会社の宣伝になるということもあり、全国版のセミナー会社から講師を頼まれて積極的に引き受けていました。公認の複業ですね。頼まれていた専門書の執筆活動を開始したのが定年の1年前。地方在住というハンデはあるものの、この本が地元の国立大学工学部の先生の目に留まり、非常勤講師としてのオファーを受けます。極めて専門性の高い分野なのでその講義は複業としても20年近く69歳まで続けて、給料は低いですが学生とふれあえる安定収入となりました。

「第三ステージでの自営状況」

定年前からいろいろな企業から研修講師なども頼まれるようになってきたので、定年を機に自宅に技術士事務所をつくって自営業としての個人コンサル・研修講師を開始しました。地方在住だったにもかかわらず（というか競合が少なく）、70歳ぐらいまでは結構忙しく、75歳のときも専門分野の入門書を「もう最後の出版」といいながら刊行しました。

75歳直前でようやく仕事はかなりセーブして、ほとんど趣味の世界ですが、もちろん、年金も60歳からもらっているので、これまでの蓄積とフローで収入はまったく問題はありません。

「収入のリアル」

年収の推定は、企業時代の50歳代を1000万円と仮定すると、55歳で子会社へ行って2割ダウン、60歳で独立するも嘱託だけでは5割ダウン。しかし、子会社時代に複業として月1回レベルのセミナーや講師で年収200万円を確保し、白色申告。自立後は実質的に本業化して、当初は300万円から始まり、65歳以降70歳までの完全自立後は、大学講師（300万円）も入れてほぼ1000万円の青色申告が可能となっています。さらに70歳以降も依頼講師を含めて年間700万円をコンスタントに稼いで、貯金のとりくずしは全く必要がない状態といえます。

「成功のポイントと次のステージ（生涯）への思い」

技術についての思い入れは人一倍つよく、現役のときから新しい表面処理法一筋に、さまざまな展開をしました。失敗もいくつもありましたが、結果的にその事例が学会等で評価されたところもあります。人付き合いはそう得意ではありませんが、熱心さは格別です。「知的自営業」として自立しなかったとしたら、51歳以降の稼ぎは、せいぜい1・2億程度であり、現在のほぼ半分レベルとなります。

年代	主な業務内容	助走としての自己への投資活動（企業内）と知的自営業への道	それぞれの年代での収入（Tは51 - 75歳の期間収入）
23 - 40	企業研究所（研究員、表面処理法の専門家）		
41 - 50	本社で研究企画管理職	工学博士	
51 - 55	表面処理法（腐食・防食技術）専門家	技術士取得	役職定年までは年収確保 1000万円×5年＝0.5億円
56 - 60	子会社へ出向：企業内コンサル	研修講師 本出版	（800万円+200万円）×5年＝0.5億円
61 - 70	嘱託＋自立コンサル1（自宅事務所開設）	（技術士事務所開設） 出身企業向けセミナー ・大学講師就任、本執筆（連続）	（700万円+300万円）×10年＝1.0億円）
71 - 75	自立コンサル2、複数企業嘱託＋	・各種企業向け出前コンサル・研修 ・大学非常勤講師	700万円×5年＝0.35億円、T＝2.35億円

図表17　定年まで勤務。60歳で本格自立するD氏の第二、第三ステージでの仕事内容と推定年収

(2) 大手鉄鋼メーカーを定年まで勤めて、独立契約により自立しコンサル業へ広げる E氏…60歳定年で「卒業」

「E氏の経歴概要」

E氏は大学卒業後、専門の機械工学を生かして大手鉄鋼メーカーに入社。最初は工場の生産技術からスタートしますが、その工場が時代の流れで閉鎖。そこで、まったく畑違いの新事業、ライフサイエンス関連に転出します。いちから出直して、その経験と実績をかわれ、研究開発本部の戦略スタッフとなって、定年を迎え独立契約者となります。ある意味で転職なしで、定年をもって「知的自営業」となりました。さらに64歳で合同会社を創業、現在67歳です。

「組織内における働き方（修業・移行段階）」

実質55歳のとき、副業型（まだ複業型でない）で社内講師として研修をまかされます。まだこの時は自立はしていませんが、60歳の定年時に複業ができるかたちで独立契約社員として、個人事業主（青色申告）になります。さらに64歳から合同会社を作り、コンサル業を開業して75歳まで働くことを想定しています。定年前後に2冊の著書を作成して、着々と準備を重ねていました。

「第三ステージでの自営状況」「収入のリアル」

61〜63歳までは、元の会社の教育講師として再雇用でなく独立した受託契約なので1000万円をベースとしてキープ。ほぼフルタイムなので大きな複業はできませんが、会社の宣伝以外のセミナーでは個人事業主として確定申告。大学講師も行ない、最初から200万円を年間獲得しています。

64歳からは枠組みをはずして、何人かと合同会社を設立し、さらに自立化しました。大学講師も非常勤で依頼され、複数実施。元の企業からは半分の500万円となりましたが、ほかの研修講師をはじめとする収入が入っているので、年収は確実に1000万円をキープできています。趣味的に若手の育成、ボランティアも行ない、75歳まで継続できる見通し。収入計算としては1000万円×15年（75歳まで）で、61歳以降の全収入は1・42億となり、単純な雇用延長と比べると数倍以上の余裕ができる見込みとなります。

「成功のポイントと次のステージ（生涯）への思い」

会社の制度や、変革期のニーズを徹底的に活用した事例です。51歳からの期間収支は2・42億で、トータルして考えると所属する会社で役員になったときの水準と同じか、若干超える水準です。企業の中の激しい出世競争や信賞必罰、毀誉褒貶をうまくさけてきました。争いや競争をあまり好まず、知恵を出すことが楽しい技術者系の人たちにとっては、モデルになっているともいえるでしょう。

年代	主な業務内容	助走としての自己への投資活動（企業内）と知的自営業への道	それぞれの年代での収入（Tは51 - 75歳の期間収入）
23 - 40	事業部＋新事業	新規事業創出	
41 - 50	技術開発本部	新規事業の経験を整理	
51 - 60	R＆D本部、社内講師と外部とのオープンイノベーション担当	（企業の中＋55歳ごろから社内講師として活躍） ・新事業の本を出版	1000万円×10年＝1.0億円
61 - 63	契約嘱託＋大学講師	・社内の研修 ・社内外講師としても価値を生み、定年延長ではない形をとっている。	（1000万円＋300万円）×4年＝0.52億円
64 - 70	自立コンサル1	（LCCコンサル事務開設、複数企業受託	1000万円×6年＝0.6億円
71 - (75)	自立コンサル2	（LCC）、各種企業受託＋大学講師	600万円×5年＝0.3億円 T＝2.42億円

図表18　定年まで勤務。60歳で仮独立、64歳で本格自立するE氏の第二、第三ステージでの仕事内容と推定年収

（3）総合重工系メーカーでの役職定年後、子会社の役員、その定年後は公的機関の独立契約者として自立したF氏…60歳定年「卒業」

「F氏の経歴概要」

大学院の博士課程修了（工学博士）、27歳で大企業（総合重工メーカー）研究所に就職、開発部長から子会社に50歳で出向。子会社役員を経て、定年後、61歳で知的自営業としてＪＳＴ産学官コーディネーターとして自立しました。かねてより依頼されていたＴＬＯ役員などに加え、契約型の官公庁アドバイザーとして自治体などへのコンサルを複業的に継続して行なっています。現在80歳。

「組織内における働き方（修業・移行段階）」

企業の主流事業であるエンジンの技術開発を精力的にこなして、研究所での研究部長など順調に出世しました。50歳のときにまったく異分野の会社の合弁計画が始まり、その新会社に技術系責任者となって51歳で赴任します。そこでは、これまで経験していなかった業界への売り込み、商品開発、産学連携、さらにその新規のネタの研究開発から商品化、事業化などを広く担当し、新しい世界を苦労しながら学ぶことになりました。

55歳で親会社での役職定年となり、立ち上げた子会社での役員となります。子会社の役員とはいえ、いわゆる執行役員レベルでした。60歳の定年となって、定年延長としてのアドバイザー、顧問としての継続雇用を打診されましたが、その会社では居場所がないことを実感。その時に、つき合いのあった公的機関から、コーディネーターとして専門知識（研究開発、知財、経営など）を生かしての活躍を打診されました。官公庁での仕事は5年間でした。独立契約者として継続雇用の場合の年収とほぼ同様か低かったのですが、自分の得意の分野を生かして、自由度が高く主体的に働くことが可能になったのが大きなメリットだったといいます。

「第三ステージでの自営状況」

結果的に本来の定年の60歳で会社を「卒業」、自立することで継続的に稼ぐことが可能になりました。その時の働きぶりと人柄がみとめられ、コーディネーター契約の終了と同時に大学のTLOの専属役員（独立契約）にも就任、70歳まで安定的・複業的・継続的に働くことが可能となりました。仕事は忙しく、また若い人たちが頼ってくれているところもあり、大変充実していたといいます。71歳の時、家庭の都合で、故郷に帰ることになりますが、ＴＬＯやそのほかの企業や組織からも依頼され、故郷でも独立系の駐在員として活動を開始。いわゆる知的自営業として継続中です。

「収入のリアル」

収入的には61歳から65歳までは自営業となるものの組織のコーディネーターが主体で収入減で平均すると７００万円／年。しかし66歳から70歳まではＴＬＯ役員ほか３カ所からの委託料を合計すると、年収８００万円を超え、その後は継続的に75歳までの収入は５００万円／年となっています。80歳まで現役で活躍されています。

60歳までは子会社の役員となったおかげで55歳からの減額がなく、１２００万円×10年＝１・２億円。その後は上記の報酬やコンサル料を各社からもらい、51歳から75歳までの期間での総収入は２・２億となっています。

「成功のポイントと次のステージ（生涯）への思い」

もしそのまま企業に居続けたとしたら、61歳から65歳まで600万円×5年＝0・3億しか収入がなかったことになります。定年後といえども覚悟して外に出たおかげで約1億円は余分に稼げていますが、本格的な自立には遅れ（実質65歳）、ボランティア的なコンサルタント兼業になっていました。派手さはありませんが、地道に企業での研究開発経験、事業化プロセス、合弁会社の運営経験などを生かしています。

51歳からの総収入としては、親会社で役員になったレベルとなっています。さらに80歳でも周囲にたよられているのは、自助努力だけでなく、本人の働き甲斐という面でもプラスになったと述べておられます。人柄などの面もあって、61歳からでも広い意味で「知的自営業」としてうまく展開できた興味深い事例です。

年代	主な業務内容	助走としての自己への投資活動（企業内）と知的自営業への道	それぞれの年代での収入（Tは51 - 75歳の期間収入）
26 - 40	研究所、工学博士で入社	エンジンの性能向上に貢献	
41 - 50	研究部長	特許、論文多数	
51 - 60	56歳で合弁子会社へ出向、役員	子会社経営者経験	1200万円× 10年＝ 1.2億円
61 - 65	（知的自営業Ⅰ）	ＪＳＴ産学コーディネーター（産学連携関係）	700万円× 5年＝ 0.35億円
66 - 70	（知的自営業Ⅱ）	産学連携関係各種 ・複業としてＴＬＯ役員就任	800万円× 5年＝ 0.40億円
71 -75（さらに継続中）	（知的自営業Ⅲ）	自立コンサル（ＴＬＯ他嘱託）	500万円× 5年＝ 0.25億円 T＝ 2.2億円

図表19　定年まで勤務。60歳で独立（自治体・国との個人契約）、64歳で本格自立するＦ氏の第二、第三ステージでの仕事内容と推定年収

6・3▼早めに自立：40歳代（50歳前）で起業・自立した3人の事例

（1）総合建設業系メーカー技術者・新事業挫折からベンチャー設立
G氏…「卒業」・起業45歳

「G氏の経歴概要」

総合建設業系メーカーの研究開発部門から、新規事業としてエレクトロニクス関連装置開発を立ち上げたのが40歳の時。社内（社外）ベンチャー、いわゆる企業発のコーポレート型ベンチャーとしてスタートしました。初期のお客をゲットし、小規模のビジネスとしては成功しましたが、45歳でスピンアウトして独立起業、現在65歳。

「組織内における働き方（修業・移行段階）」

大企業の中では経営者が期待するメジャーな顧客開拓まではいたらず、ビジネス規模は小さいまま社命での中止命令がでました。その時にG氏は、いくつかの具体的なお客がついていたこと、また自分たちの技術をベースにさらなる展開を図りたいと思い、幸い資金を出してくれるキャピタルもいたこともあり、何人かの仲間と一緒にスピンアウト起業し、本書で言う「知的自営業」となっています。

「第三ステージでの自営状況」

創業時、45歳から50歳までは、開発費と資本金＋売り上げのシーソーゲームの中で紆余曲折があり、在職中より収入はマイナスでした。しかし大企業時代の開発と初期顧客の開拓のおかげもあり、5年後は安定して売り上げや収益を得られるようになりました。51歳からは自由自在にいろいろと展開中。

「収入のリアル」

収入面で推定検証していきましょう。最初はそんなに高給はゲットできていなかったと思います。45歳から最初の給料としては、年収500万円と半減したようです。固定顧客向けに開発がルーチン化することで、5年後からは安定して（51～55歳）までは1000万円。51歳からは事業を趣味のワイン、日本酒を海外の経営者向けに紹介販売するビジネスなども開始し、55歳からは2000万円で65歳ごろまでやってきています。これ以上の収入は大きく税金にもっていかれるので、自重しているのが実態といえます。

現在65歳で計算すると2・75億レベルであり、サラリーマン給料をかなり上まわっています。大きな違いはこれからで、このままでも、1・75億円のさらなる収入がえられる見通しになります。

「成功のポイントと次のステージ（生涯）への思い」

最初は苦労したようですが、スタートが早かったので、その時の最初のマイナスは完全に回復し、お釣りがでています。早めに雇われる働き方をやめているので、定年もなく、大きな差が出てくるのが明確です。性格は沈着冷静ですが、情熱を内に秘めています。常に新しい環境に適応する努力をして、学ぶ意欲が強く感じられる技術者そのものです。

年代	主な業務内容	助走としての自己への投資活動（企業内）と知的自営業への道	それぞれの年代での収入（Tは51 - 75歳の期間収入）
23 - 40	研究所、事業部	総合建設業系メーカーの研究開発部門＋新事業立ち上げ	
41 - 45	社内ベンチャー立ち上げ（社外へコーポレートベンチャーとして2年後創業）	社内リソースの活用によるベンチャー経営経験	
46 - 50	ベンチャー起業1、再雇用嘱託＋大学講師	（ベンチャー立ち上げ時期）	参考：500万円×5年＝0.25億円（通常のサラリーマンよりは0.15億円程度マイナス）
51 - 65	ベンチャー起業2＋新規事業立ち上げ＋コンサル業	複数ベンチャー創業	1000万円×5年 2000万円×10年＝2.5億円
66 - (75)予定	ベンチャー継続＋コンサル2（各種企業嘱託）＋年金	同上	2000万円×5年+1500万円×5年＝1.75億円 T＝4.25億円

図表20　45歳の時で「卒業」（41歳の時に社内ベンチャー設立）、本格自立するG氏の第二、第三ステージでの仕事内容と推定年収

（2）大手ＩＴ機器メーカーのシステムエンジニアから国内大手コンサル部長後、独立コンサル創業Ｈ氏…46歳最終「卒業」

「Ｈ氏の経歴概要」

大手ＩＴメーカーのシステムエンジニアから国内大手コンサル部長経由で、独立コンサルを創業したＨ氏です。もともとの専門は物理で、大学院を卒業後、大手ＩＴメーカーのシステムエンジニアから36歳で国内コンサルタント会社で10年修業、46歳で独立コンサル創業、現在69歳。

「組織内における働き方（修業・移行段階）」「第三ステージでの自営状況」

国内コンサルタント会社へ転職したときからが、独立・自立のためのスタート準備と考えられます。独立する前から、友人知人を集めた各種ネットワーク活動には極めて積極的でした。特に独立してからは、毎月1回すでに数百回を超えるビジネスフォーラムを主催して、これまでの参加者と緊密に連携を維持しているのが大きな特徴です。

創業した個人会社はもう20年以上となります。69歳の現在は完全に自己実現期であり、本業のほかにも複数のベンチャー企業の創業、運営を行なっています。いくつかのベンチャーは軌道にのりつつあるものもあるようで、これらは75歳以降の楽しみにとってあるといえます。

「収入のリアル」

収入の推定を行ないます。46～50歳の独立コンサルタントとしては年収1600万円×5年レベルです。51歳以降をみると年度によりかなりの凸凹があると思われますが、景気の良いときが15年で2000万円の年収、残りが景気の悪いときで1000万円の年収とすると、2000万円×15年＋1000万円×10年＝4・0億円、さらに71～75歳までコンサル＋設立ベンチャーの報酬の合計で最低でも1200万円を見込むと、あと0・6億、計4・6億となります。

「成功のポイントと次のステージ（生涯）への思い」

自分自身で最初から明確なビジョンを持ち、ロードマップに基づいた意思決定をしていくという、未来指向の方です。10年単位で仕事を変えて自分でやるというのが信条であり、その通りに組織を45歳のときに「卒業」していきます。その意識によってネットワーク創出とともに、世の中の先駆的動向をキャッチ、それを自分自身だけでなく顧客へのコンサル作業として生かしています。

年代	主な業務内容	助走としての自己への投資活動（企業内）と知的自営業への道	それぞれの年代での年収（Tは51 - 75歳の期間収入）
23 - 35	大手ITメーカーのシステムエンジニア		
36 - 45	外資系コンサル会社転職、IT・システム系コンサルティングで修業		
46 - 50	自立コンサル1事務所開設	（IT系コンサル会社）ビジネスフォーラムを主催	1600万円×5年＝0.8億円：（カウントしない）
51 - 70	自立コンサル（継続）	コンサル＋ベンチャー起業、社長、役員	2000万円×20年＝4.0億
71 -（75）	自立コンサル（継続）	コンサル＋ベンチャー役員	1200万円×5年＝（0.6億円）T＝4.6億

図表21　45歳で自営コンサル開業、35歳の時に外資系コンサル会社で修業で仮「卒業」するH氏の第二、第三ステージでの仕事内容と推定年収

（3）総合電機メーカー研究所研究員から、コンサルからベンチャー企業の連続創業
…X氏41歳「卒業」。現在でも数社の社長80歳

「X氏の経歴概要」

この人の場合は大企業の総合電機メーカーを41歳でスピンアウトした例です。事例のなかでは最大成功の技術者モデルケースといえます。今回の例でいうと組織のサラリーマンから「知的自営業」というよりも41歳で起業・独立し経営者が主体なのですが、最初はコンサルタント業から立ち上げたので取り上げます（この方の実際の事業や考え方の内容は、本書の中でも紹介しているので、ここではその収入面だけを整理しておきます）。

「収入のリアル」

最初の会社を創業したのは41歳で、コンサル会社を起業しています。その後45歳で開発会社起業、46歳から毎年1社ずつ60歳まで連続的に起業しています。最初は社長へ、立ち上がると会長へ。

基本給料は最初のコンサル会社で、１０００万円を定常的にキープ。複業型として45歳からは各社での社長として各社で５００万円ずつの年収を積み上げていく形にしていきます。55歳の時の総合年収は（１０００万円＋５００万円×10社）＝６０００万円程度。すなわち、少なめに見積もって年収５０００万円が50代の平均となります。

また61歳から70歳までは税金対策もあり３０００万円に年収をおさえています。70歳から75歳までも同様と計算していくと、51歳からだけでの収入だけで（会社の売買などの、投資収益は除く）５０００万円×10年＝５億、３０００万円×10年＝３・０億、71～75歳までを２０００万円×５年＝１億で、総計９億の収入レベルです。大企業の社長レベルを大きく超えています。今でも現役なのは驚きといえます。

年代	主な業務内容	助走としての自己への投資活動（企業内）と知的自営業への道	それぞれの年代での年収（Tは51 - 75歳の期間収入）
23 - 40	大手電機メーカー研究所入社、研究員		
41 - 50	自立コンサル1開業（退職）、自己ベンチャー製造業企業1	企業経営＋コンサル業継続2	1500 － 3000万円の年収（カウントせず）
51 - 60	各種自己投資ベンチャー企業起業を連続的に実施	企業経営＋コンサル継続3	5000万円×10年＝5.0億
61 - 70	投資市場公開型ベンチャー企業複数創業	企業経営＋コンサル複数企業売買	3000万円×10年＝3.0億円
71 - 75（80）	創業ベンチャー経営に集中	企業経営＋コンサル4継続	2000万×5年＝1.0億円 T＝9.0億円（75歳まで）

図表22　35歳の時に本格自立し自営コンサル開業、X氏の第二、第三ステージでの仕事内容と推定年収

6・4▼組織で修業し、その後教授となり、最終的に65歳で独立する二人のパターン

(1)企業研究者から51歳で教授となり、その後独立するJ氏…65歳「卒業」(現在80歳)

「J氏の経歴概要」

J氏は大学卒業後、大手化学系企業の中央研究所に入所、そこで現在ではローテクといわれる材料強度技術分野の研究者、専門家でした。いわゆるローテクといわれるこの分野を地道に30年。出身大学での専門も同じで、入社後20年間の研究成果をまとめて、学位取得。先生の依頼により、学会活動を積極的にこなし、地方支部の支部長など、各種委員会活動も活発に行なっていました。50歳まで地道に会社と学会活動を両立させますが、51歳の時に地方の国立大学からの教授の声がかかり、大学教授に転職し、さらに65歳の定年後独立してコンサル業を開業します。

「組織内における働き方（修業・移行段階）」「第三ステージでの自営状況」

企業内で学位取得、45歳で子会社出向を機会に強度・分析評価センター長、学会活動から大学教授経由の独立コンサル業になりました。65歳まで教授として勤め上げ、併せて出身企業他の顧問やアドバイザーを兼任。現在名誉教授、大学を定年後、個人事務所を立ち上げて、大学時代につくった地方の各種企業ネットワークで事故の原因究明の第三者的な判定コンサルタントとなって、10数年。数年前に大きな病気をしたので、75歳以降は小遣い稼ぎ程度で、健康のため働いてはいますが、80歳で引退を考えているという状況。

「収入のリアル」

企業時代の最後の年収1000万円とすると、国立大学教授になりたては、800万円と若干低下、その後着実に上昇していくので65歳までは平均1000万円を確保できています。企業にいると、55歳で頭打ち、55歳から出向で1～2割減、再雇用で3～5割減ということを考えると、大学に転身して55歳から65歳までの収入は、単純計算で1・3億となります。

企業にいたら同じ期間の収入は0・82億とかなり差がつきます。大学のときからの事故原因究明コンサルとして、大学時代は複業で２００万円／年、さらに65歳以降は事務所を構え、収入７５０万円と見積もると、約1億円のさらなる収入が生じています。51歳から75歳までの収入を総計すると、３億円となります。

「成功のポイントと次のステージ（生涯）への思い」

Ｊ氏はとにかく腰が低く、温厚な人柄で、人の話をよく聞くことができるので、多くの人から好かれる性格です。相談もしやすく目線も低いのが特徴で、80歳の今も変わりません。企業に在籍したと仮定した時の２・０倍以上の（51～75歳での）収入となっています。

年代	主な業務内容	助走としての自己への投資活動（企業内）と知的自営業への道	それぞれの年代での年収（Tは51 - 75歳の期間収入）
23 - 39	企業研究所（材料強度技術の研究員）		
40 - 50	グループ長、各種材料強度解析の専門家	工学博士取得 技術士取得 学会活動（支部長など）	
51 - 65	国立大学教授（工学部）	出身企業顧問＋複数企業顧問	1300万円（1000＋300）×15年（＝2.0億円）
66 - 70	自立コンサル1（技術事務開設）	複数企業受託＋大学非常勤講師顧問ベースのコンサル	1200万円×5年（0.6億円）
71 - (75継続中)	自立コンサル2（技術事務所）	各種企業受託技術コンサル	800万円×5年1.4億円） T＝3.0億円

図表23　51歳で仮卒業（大学へ転出）、66歳で本格自立するJ氏の第二、第三ステージでの仕事内容と推定年収

（2）地方自治体幹部から50歳で休職して学位をとり大学教授、65歳定年で独立するK氏

「K氏の経歴概要」

ある地方自治体のキャリア（技術系幹部）から、50代前半に大学院で学位取得後、国立大学教授をへて個人コンサル業を創業したK氏です。大学では土木系学科を卒業後、自治体に入り、中央官庁や海外拠点にも出向し、技術系幹部として順調に出世し、副知事クラスまでなりました。その後50歳で一念発起して再勉強、自治体を退職してMOT系大学院に入りなおしました。そこで学位を取得（53歳）、優秀なため教授のオファーがきます。65歳の定年後、自分のコンサル兼社会貢献会社を立ち上げ現在70歳。

「組織内における働き方（修業・移行段階）」「第三ステージでの自営状況」

国立大学教授の給料は年功制が色濃いため地方官僚の時よりも低い（3分の2）収入からの再スタートですが、自由度や自分のしたいこと、また社会価値実現のために引き受けます。

途中で企業の社外役員や頼まれコンサル、出身自治体のベンチャーファンドなども立ち

上げます。65歳で定年。その後海外とのネットワークを生かした新たな非営利団体を立ち上げて、その活動を中心にしています。また、かねてから目をつけていたベンチャーへ自分も役員になってのテコ入れし、外国大学や国との交流など多方面へ展開中。51〜53歳の空白期をへて、54歳からの「知的自営業」としての国立大学教授は65歳まで。このまま、すくなくとも75歳以上は活動されるでしょう。

「収入のリアル」

これまでと今後の収入などを推定してみます。大学教授の年俸は、最初は800万円、最後は1200万円とすると、平均1000万円×12年、54歳からの65歳までの社外役員を2社、年収を400万円+600万円として1000万円、1000万円×12年=1・2億。65歳から75歳までの社外役員として500万円×10年=0・5億。他大学の講師関係として3カ所、年間200万円×5年（70歳まで）=0・1億。新しいLCOでの収入を800万円で、75歳までとすると800万円×10年=0・8億となります。50歳からの総計は3・8億円。

ちなみに40歳からをみると、官庁に7年、1200万円×7年=0・84億、大学院の

3年間の学生時代の無収入と学費などの投資が大きく影響しています。しかし、学費の200万+働いていたら得られる収入3600万円＝0・36億円が投資金額ともいえますが、軽く回収しています。

「成功のポイントと次のステージ（生涯）への思い」

いずれにせよ、40歳から75歳までの可能収入は3・8億程度と見積もられます。もし自治体・官庁に残って高級幹部ベースで得られる見込みは、これまでの実績と70歳までの手厚いケアを考えると、51歳以降は51～60歳、1500万円×10年＝1・5億、61～70歳を外郭団体の理事待遇とすると1200万円×10年＝1・2億となり、総計3・7億となって、ほとんど一緒、そう変わりはないことになります。

一念発起の50歳の時の決断が、公私ともに自分の思ったとおりの活動につながり、やりがいを広げています。

年代	主な業務内容	助走としての自己への投資活動（企業内）と知的自営業への道	それぞれの年代での年収（Tは51 - 75歳の期間収入）
23 - 39	自治体キャリア、中央官庁対応		
40 - 50	海外出向、地方ブロック長、副知事など歴任	各種ローテーションによる副業経験	
51 - 53	退職後大学での学位取得（自費）	（大学院での学位取得、200万円学費）	0（投資分はマイナス）
54 - 65	国立大学教授	地方ファンド設立、 他大学大学講師、 社外役員	（1000+600+400万円）× 12年＝2.4億
66 - 70（75）	自立コンサル（ＬＣＣ）	各種企業嘱託 役員＋大学講師。 複数の社外役員	（500万円+800万円）× 10年＝1.3億円 200万円 × 5年＝0.1億円 T＝3.8億

図表24　50歳で自治体を卒業、大学院に入学し、53歳で大学教授、65歳で本格的に自立するK氏の第二、第三ステージでの仕事内容と推定年収

6・5▼まとめ：組織からの卒業の総決算と50歳以降の全収入比較

■ケーススタディで、わかったこと――いろいろなリスクに伴う懸念

今回の事例では「卒業」時期40～65歳になりました。さまざまな技術者のケーススタディを通じて、以下のことが整理できるかと思います。ただし、限られた11人の事例なので、大きな傾向という意味での整理となります。ここでの「卒業」のリスクは、40代、50代、定年後とそれぞれです。リスクには危険と機会という両面がありますが、機会として考えると、そのときには決断と覚悟が必要ということもわかります。

1．**収入に関するリスク**：何歳からでも、「知的自営業」（例えば自立するコンサルタント）を目指すことで、**60歳以降の収入レベルが圧倒的に上がるのは、ほぼ確実**です。仕事の内容はさまざまですが、組織の中での仕事をベースに、外部での価値を複業として認めてもらっている場合は、結構スムーズな移行ができているようです。「知的」能力は年齢に伴う変化はひとそれぞれなので、75歳まではそれまで通り、80歳になっても顧客が存在して元気ならば、続けることが可能です（定年は強制的なクビであるが、「知的自営業」

は自分で辞め時を決めることができる)。

2．同じ組織で働き続けるリスク：働いていた会社からその子会社の役員になっても、親会社と同様な定年制度がある場合が多く、また2年任期で突然解約されることもあります。その場合は退社を余儀なくされ、雇用延長はないのが普通です。ただし、収入は一般的に定年延長よりはよいのは事実です。収入面からいうと、サラリーマンは役員にならなければ（最高は社長になること）、人生の後半戦（本番）で会社にいる意味はほとんどないといえます。他人任せの「雇われる」働き方から、なにを選択するかという判断は大変重要になってきています。

3．自営業と起業の資金的なリスクの差：リターンの大きいビジネスを目指すときは、当然ながら大きな投資＝リスクも発生します。うまくいかない可能性も高く、収入の安定性などの課題があります。**「知的自営業」は、投下資本はお金や物体ではなく「知的な資本」という返却不要な資産なので、その面でのリスクは極小**といえます。ベンチャーなどの起業や支援についても、コンサルタントと兼業することにより、リスクも少なく安定的に稼ぐこともできます。

4．試行錯誤で失敗するリスク：多くの人は最初から明確なビジネスモデルがなくても、いろいろとやってみるという試行錯誤の中でビジネスのコツを見つけていきます。失敗の定義によりますが、**試行錯誤は失敗の連続ともいえ、これを繰り返していくうちに成功にたどりつく**、と考えることができます。失敗事例がないのは、そもそも失敗すると継続できないので例として挙げられず、成功するまで試行錯誤を繰り返したともいえます。本気でやっていれば失敗にはならないから、ともいえます。

5．最終的にわかったこと：個人のやり方、働き方の内容、才覚、能力など、ある程度の差が生じてくるのはやむをえないところがありますが、どのケースでも**地道に自分の得意分野を自己責任でやっていくと、60歳以降の人生は輝いて**、収入もかなり確保でき、社会に役立っていると断言できます。

最後に収入に対する総決算として、組織を最終的に「卒業」した時の年齢、50歳以降の総収入を比較してみたのが、図表25の関係となります。この図表ではあきらかに、卒業タイミングは早いほうがよいということがわかります。

組織からの「卒業」年齢／51～75歳の期間収入(億円)	40～49	50～59	60定年	65大学定年(大学経由の事例)	(参考：組織にいて70歳まで継続して、雇用・経営者になった場合
6.1以上	○41 X				・(大企業社長＋会長など?)
5.1～6.0					
4.1～5.0	○45 G ○46 H	○51 C			
3.1～4.0		○55 B		○大学65 K	・上級役員(役付き)＋監査役＋顧問
2.6～3.0		○56 A		○大学65 J	・役員＋(子会社役員など＋α)
2.1～2.5			○60D ○60E ○60F		・上級管理職(執行役員)＋α(70歳まで)レベル
1.6～2.0					・60歳定年退職＋定年(雇用)延長＋αレベル(70歳まで)
1～1.5					

図表26　自立時期(知的自営業としての開始年齢と51～75歳の期間収入比較イメージ

(図表中の○印は、6章の事例で取り上げた人たちの位置付けを示し、数字は組織からの卒業年齢、そのあとのアルファベットは事例のアルファベット名と符合してます)

エピローグ
著者自身の「知的自営業」のスタートを振り返って

本書を読んでいただきありがとうございます。プロローグの《「技術者のあなたに提言、「会社は給料をもらいながら学べるビジネススクール＋実験室と考える」「後半人生を本番と考えると不確定な未来はチャンスに溢れている」》という意味を、少しでもわかっていただけたら幸いです。

ここでは、**著者自身が52歳に、サラリーマン技術者から複業型「知的自営業」になった初心に戻り、技術者の皆さんに本当に伝えたいこともう一度、整理してみます。**

■自立のときの覚悟と複雑な思い――50代での独立の決断の経緯と自由度

筆者は50歳のときに、大好きだった会社を離れる決断を周囲に公言して、実際は52歳で「卒業」しました。自立したあとでよく聞かれました。

「なぜ定年までまたずに退社を決めたの？」

「組織から離れて何が大変で、何が楽しいでしょうか?」

「組織の中での我慢と、今の我慢は何が違いますか?」

という質問のたぐいです。この質問についての答えは自分では明快で
「なりゆきです、あえていえば会社と自分のビジョンの違いがわかったから」

「組織から離れると全部自分でやらないといけないのが大変で、逆にそれが自由で愉しいといえます」

「どっちも我慢です。組織の中の我慢は不条理の我慢かもしれませんが、いまの我慢は我慢しがいのある我慢です」。

自分自身が変わるというよりは、視点が自由に変化する、というのが正解かもしれません。

自由度が増すというのは自立の最大の利点ですが、いいことだけではありません。組織のなかにいるときは、上を見ても横をみても下を見ても、守られているのですが、逆にいろいろなことを行なおうとすると、制約にもなります。

この「自由度」イメージを描くと、上を見ると天井がなくなり、ある意味では爽快です。横をみると、格子やドアがなくなり出入り自由です。でもときどき、従来は飛んでこ

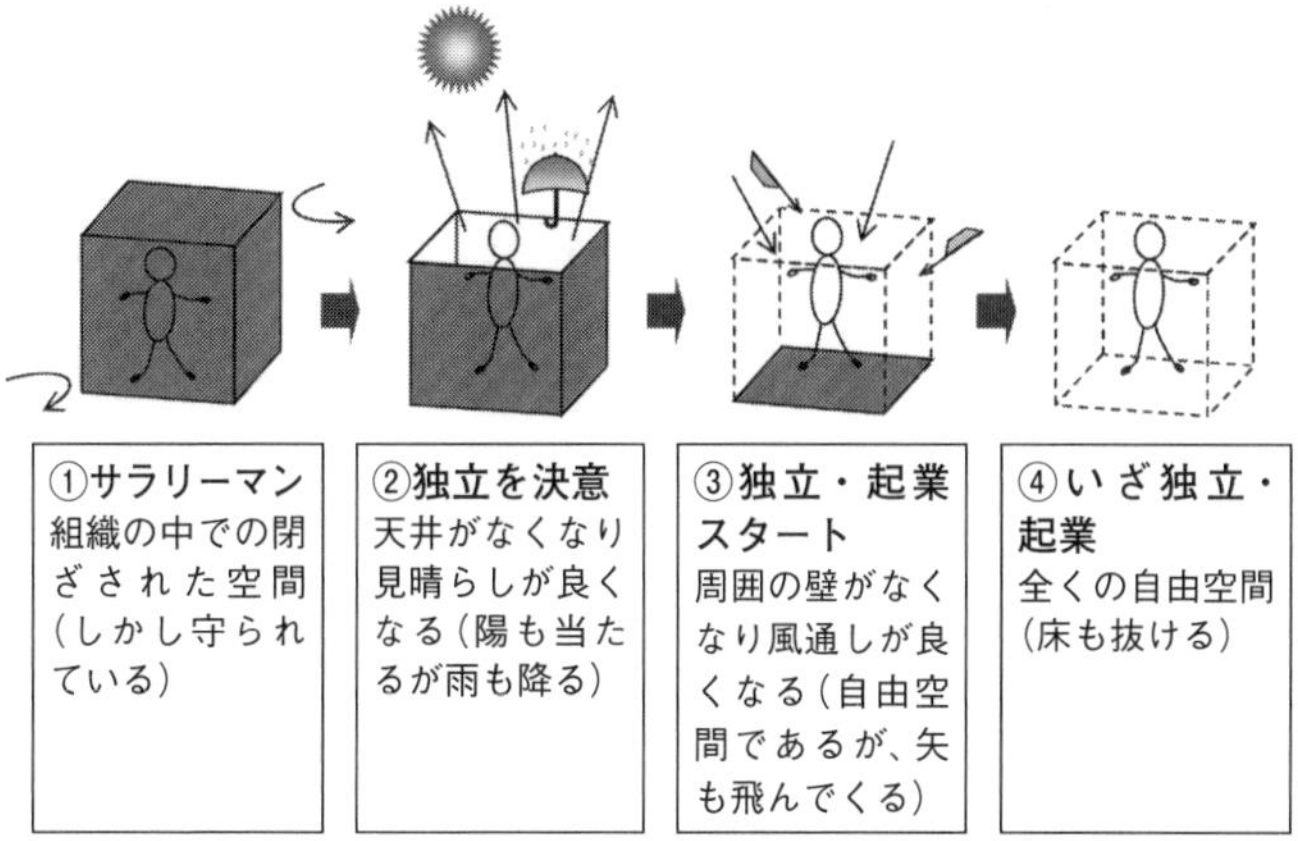
①サラリーマン
組織の中での閉ざされた空間（しかし守られている）
②独立を決意
天井がなくなり見晴らしが良くなる（陽も当たるが雨も降る）
③独立・起業スタート
周囲の壁がなくなり風通しが良くなる（自由空間であるが、矢も飛んでくる）
④いざ独立・起業
全くの自由空間（床も抜ける）

図表 27　サラリーマンから自立：知的自営業での独立への実感イメージ

なかった（組織に守られていた）矢や何かが飛んできますので、かわしたり受け取ったりする準備も必要です。しかし実は最後に最大の問題があります。それは底も抜けるのです。まさに、**天井もないが、床も抜ける自由空間**です。この経験をイメージとして描いたのが図表27です。

言い換えるとまったく自由空間に羽ばたけるのですが、羽ばたく力か、ほかにすがる構造物などがないと、どこかに落ちてしまうことになります。しかし、自分でちゃんとした視点とそれを支える何かをつかんでおけば、途中でも爽快で、自分で自由空間を楽しみながらいけることになるのです。

■自立の時に考えたビジョンと実際の気づき

会社を作るときのコンセプトは、技術者としての発想をベースに、あくまで「技術者のための会社」でした。そういっても、自分が何ができるか不明で、目的も（思想も）漠然としていたといえます。その後、**実際に運営していて気がついたのは、周囲とのかかわり**でした。すなわち自立・独立は孤立とは全く違い、周囲の皆様に支えられているのです。

それを整理したのが次の３つです。

① **企業・事業とのかかわり**：これまでに蓄積された研究開発成果などの知的な財産の再発見、発掘による事業化展開の促進……ＭＯＴ（技術経営）的なアプローチを駆使して、魔の川と死の谷を超え、可視化して再発見する。

② **個人・ＯＢ技術者とのかかわり**：会社勤めをしている人（サラリーマン技術者）の定年後の選択肢を増やす活動実施……団塊世代を中心とした世代の経験を最大限活用し、あとの長い人生を過ごし方を企業、支援組織、個人へ提案する。

③ **社会・次世代とのかかわり**：自分で考え、自立・自律する理科少年・少女現役技術者と社会への啓発……大学、高専、社会人などへの積極的なアプローチを教育機関、各種法人、ＮＰＯなどを通して行なう。

現実的な仕事の最初の内容は①を中心とした、あらゆる規模・業種の技術をもとにした、新商品・新事業展開への支援活動でした。

では、どのようにお客さまを見つけて顧客価値を生んできたか。改めて創業初期に絞って思い出しながら書いてみましょう。

実際の引き合い案件と顧客への対応は本書の3章に書いた通り、試行錯誤となりました。そこで、考えた（考えさせられた）ことを、当時のノートのメモから拾っていくと、断片的ですが、次のようなことになります。

・お金をはらってもらえる仕組み：なぜ相手は費用を払うか
・たのまれたことは、決して断らない：相手は価値を想定しているから
・料金表をつくりお客に判断しやすくするが、お金をもらえるのは役に立ててから
　それ以外は、時間はたくさんあったのでしょうか（笑）。
・空いている時間を、未来価値の有形、無形でうめること。

■「助走・修業時代」に大切なこと

50歳からの、サラリーマン「卒業」後の、本番の人生とはどういうことでしょうか。大

げさに言うと、これが生き方革命になりました。筆者の場合、先輩から「サラリーマン期間はあくまで修業の時代」「50歳以降、自分で生きることが本番人生」「自営業、個人の法人化のスタートは全部自分でやれ」「仕事はお客が喜ぶことを。また仕事を愉しめ」という本書にまとめたことを、折に触れアドバイスいただいていたのも事実です。

50歳までの前半は「修業時代」と位置付ける、人生100年時代にそういう発想が必要だということが、本書を通しておわかりいただけたら幸いです。

自立してから気が付いたことがあります。筆者は会社勤め時代、その会社のなかでは前例がなく、無理難題（？）として敬遠されがちだった新規事業、分社化、海外展開、ベンチャーとのやり取りなどを、率先してやりました。本文でも述べましたが、その時に、苦労したこと、難しかったこと、失敗もしたことすべてが、コンサルの際、顧客に対する説得力あるマターとなったのです。修業時代（助走期）で大切なのは、こうした新しい試みに積極的に取り組むことなのかもしれません。

組織にいるときには、試行錯誤ができます。こんな有利な条件を利用しない手はありません。プロローグでも述べたように、**会社生活は給料のもらえる「実験室」**であり、**「ビジネススクール」**なのです。

まさに筆者は、後半戦（50歳以降の）準備期間を、リスクフリー、キャッシュフリーで勉強させていただいたわけです。

〈おわりにと謝辞〉

最後にひとこと。組織の問題点はたくさん語られています。それらの多くは、自分の問題として考えてみると自分自身に役立つことも多いのです。組織に属したならば、まずはその中で活躍し、経営者になるのが第一目標ですが、それは組織が決めることです。技術者はそれから外れても、自分自身で組織から「卒業」し、これまで学んできた各種技術にかかわる新たな価値を創造しつづけることができます。

本書を完成させるにあたって、まずは、第二ステージで鍛えていただいた会社、その中の上司、同僚、部下だった皆様にまずは感謝申し上げます。また、「知的自営業」として自立してからの多くのお客様と周囲の仲間の皆様にはいろいろな学びと気づきをいただいています。本書に関連して事例のモデルとして活躍されている方々にも感謝申し上げます。現実はもっとすごいぞ、愉しんで稼いでいるぞ、との声も聞こえてきますが、そこはご勘弁下さい。また言視舎の杉山尚次さまには、いつもながら本書を読みやすく懇切丁寧に編集していただきました。

いわゆる「人生100年時代の定年後」についての本は多数ありますが、特に理系（技術系、研究開発者）に言及している本は極めてすくないのが現状かと思います。本書が「現在の仕事内容と収入に疑問を感じている技術者」の方へ少しでも参考になれば幸いです。

本書に関連して参考にした図書紹介

1. リンダ・グラットン&アンドリュー・スコット著『ライフシフト、100年時代の人生戦略』、東洋経済新報社、2016
2. リンダ・グラットン著『ワーク・シフト、孤独と貧困から自由になる働き方の未来図表』、プレジデント社、2012
3. ビル・バーネット&デイブ・エヴァンス著『ライフデザイン、スタンフォード式最高の人生設計』、早川書房、2017
4. ダニエル・ピンク著『フリーエージェント社会の到来「雇われない生き方」は何を変え

るか』ダイヤモンド社、2002
5. 藤井　薫著『働く喜び　未来のかたち――転職市場の最前線から「未来のはたらく」が見えてくる』、言視舎、2018
6. 出川　通著『「75歳まで働き愉しむ方法、自分ロードマップで未来が見えてくる」、言視舎、2015
7. 出川　通著『理系人生、自己実現ロードマップ読本』言視舎2015（初版2008）
8. 出川　通著『独立・起業プログラム』秀和システム2007

出川通（でがわ・とおる）

東北大学大学院工学研究科修了。1950年生まれの工学博士。大手重工会社の研究職として入社、新事業の担当でいくつかの新事業を立ち上げ成功事例を持つが失敗も多い。その間に国プロの実施や技術企画、経営企画、事業企画の経験を積んで、40代後半には米国とベンチャー企業と一緒に新事業を立ち上げ事業部長になる。
52歳で株式会社テクノ・インテグレーションを創業、代表取締役社長として、MOT（技術経営）やイノベーションのマネジメント手法を用いて多数の大中小企業むけに開発・事業化のコンサルティングや研修などを行なうとともに、多くの技術者の定年前後の相談に乗ることからライフデザインの必要性を痛感する。
早稲田大学・東北大学・島根大学・大分大学・香川大学などの客員教授や多数の大学・高専での非常勤講師などで学生、社会人、中小企業・ベンチャー経営者に実践MOTを講義するとともに複数のベンチャー企業の役員、経産省、文科省、農水省、NEDO、JST各種評価委員など多くの役職に就任。
現在はNPOテクノ未来塾理事として企業の技術者と一緒に古代・江戸技術の発掘調査を実施。また富士生涯教育大学校「ライフデザイン生涯支援センター」を立ち上げ中。著書も最新の実践MOTやイノベーション関係を中心に、人生100年時代の愉しみ方、地域紹介、古代技術、江戸のイノベーター、神社関連を含めて30冊以上ある。

装丁……佐々木正見
編集協力……田中はるか
DTP制作……REN

「知的自営業」のすすめ
技術者のための独立コンサル入門講座

発行日❖2021年5月31日　初版第1刷

著者
出川通

発行者
杉山尚次

発行所
株式会社言視舎
東京都千代田区富士見2-2-2 〒102-0071
電話03-3234-5997　FAX 03-3234-5957
https://www.s-pn.jp/

印刷・製本
モリモト印刷㈱

ISBN 978-4-86565-187-4　C0036